浙江省地方标准

公路软土地基路堤设计规范

Code for Design of Highway Embankment on Soft Ground

DB 33/T 904—2013

主编单位:浙江省交通规划设计研究院
批准部门:浙江省质量技术监督局
实施日期:2014 年 1 月 31 日

人民交通出版社

图书在版编目(CIP)数据

公路软土地基路堤设计规范 / 浙江省交通规划设计研究院编. -- 北京 : 人民交通出版社, 2014.4

ISBN 978-7-114-11248-5

Ⅰ. ①公… Ⅱ. ①浙… Ⅲ. ①公路路基—软土地基—路堤—设计规范 Ⅳ. ①U416.1

中国版本图书馆 CIP 数据核字(2014)第 042268 号

浙江省地方标准

书　　名: **公路软土地基路堤设计规范**(DB 33/T 904—2013)

著 作 者: 浙江省交通规划设计研究院

责任编辑: 任雪莲

出版发行: 人民交通出版社

地　　址: (100011)北京市朝阳区安定门外外馆斜街 3 号

网　　址: http://www.ccpress.com.cn

销售电话: (010)59757973

总 经 销: 人民交通出版社发行部

经　　销: 各地新华书店

印　　刷: 北京鑫正大印刷有限公司

开　　本: 880 × 1230　1/16

印　　张: 8.5

字　　数: 210 千

版　　次: 2014 年 4 月　第 1 版

印　　次: 2014 年 4 月　第 1 次印刷

书　　号: ISBN 978-7-114-11248-5

定　　价: 40.00 元

浙江省交通运输厅办公室文件

浙交办〔2013〕41号

关于实施《内河航道工程质量检验规范》等浙江省地方标准的通知

各市交通运输局(委)、义乌市交通运输局,嘉兴、舟山、台州市港航(务)局,厅管厅属各单位:

浙江省地方标准《内河航道工程质量检验规范》(DB 33/T 386—2013)、《交通建设工程工程量清单计价规范　第3部分:航道工程》(DB 33/T 628.3—2013)、《公路软土地基路堤设计规范》(DB 33/T 904—2013)已由浙江省质量技术监督局批准发布,自2014年1月31日起实施,请各有关单位参照执行。

省地方标准《内河航道工程质量检验规范》、《交通建设工程工程量清单计价规范　第3部分:航道工程》由省交通运输厅工程质量监督局等单位编制,《公路软土地基路堤设计规范》由省交通规划设计研究院等单位编制,标准的管理权和解释权归口我厅,日常解释和管理工作由省交通运输厅工程质量监督局和省交通规划设计研究院负责。请各单位在实施中注意积累资料、总结经验，并及时反馈有关问题和意见，以利修订时参考（联系人：陈妙初、陈亮、段冰，电话：0571-83789615、83789622、89709085）。标准文本可在浙江省地方标准网（www. db33. cnzjqi. com）下载。

浙江省交通运输厅办公室

2014 年 2 月 10 日

抄送：省交通集团公司。

浙江省交通运输厅办公室　　　　2014 年 2 月 11 日印发

前　言

本规范按照《标准化工作导则　第1部分:标准的结构和编写规则》(GB/T 1.1—2009)制定的规则起草。

本规范由浙江省交通运输厅提出并归口。

本规范起草单位:浙江省交通规划设计研究院。

本规范主要起草人:杨少华、段冰、郑東宁、毛斌、袁迎捷、刘健、江建坤、陈建荣、俞帆、单君、黄天元、姜正晖、任超、张天宝、徐立新、朱益军、陈永辉、王新泉。

本规范的某些内容可能涉及专利,本规范的发布机构不承担这些专利的责任。

目　次

1 范围

本规范规定了各软基处理方法的勘察设计原则、施工要点和质量检验的主要要求。

本规范适用于新建、改扩建的各等级公路软土地基路堤的设计。

2 规范性引用文件

下列文件对于本规范的应用是必不可少的。凡是标注日期的引用文件,仅所标注日期的版本适用于本规范。凡是不标注日期的引用文件,其最新版本(包括所有的修改单)适用于本规范。

《混凝土结构设计规范》(GB 50010)

《建筑地基基础设计规范》(GB 50007)

《公路工程地质勘察规范》(JTG C20)

《公路路基设计规范》(JTG D30)

《公路水泥混凝土路面设计规范》(JTG D40)

《公路沥青路面设计规范》(JTG D50)

《公路土工试验规程》(JTG E40)

《公路路基施工技术规范》(JTG F10)

《公路工程质量检验评定标准(第一册 土建工程)》(JTG F80/1)

《建筑桩基技术规范》(JGJ 94)

3　术语和定义

下列术语和定义适用于本规范。

3.1　软土 soft soil

滨海、湖沼、谷地、河滩沉积的天然含水率高、天然孔隙比大、压缩性高和抗剪强度低的细粒土。

3.2　极限填筑高度 limited height of filling

在天然软土地基上用快速施工的方法修筑一般断面的路基所能填筑的最大高度,称为极限填筑高度。

3.3　堆载预压 preloading

在软土地基上施加荷载,促使地基排水、固结、压密,以提高地基强度,减少在使用荷载作用下产生的工后沉降量。若预压荷载等于路基荷载与路面等效荷载之和,称为等载预压;若预压荷载大于路基荷载与路面等效荷载之和,称为超载预压;若预压荷载小于路基荷载与路面等效荷载之和,称为欠载预压。

3.4　真空预压法 vacuum preloading method

通过对覆盖于设置竖向排水体地基表面的不透气薄膜内抽真空,而使地基固结的地基处理方法。

3.5　真空联合堆载预压 vacuum-surcharge preloading

在真空预压的同时,结合路基填筑荷载的联合预压作用,达到加速软土地基固结,提高地基强度和稳定性的一种地基处理方法。

3.6　预压期 preloading period

路基初次填筑至设计预压高程后,至卸载开始时或路面结构层开始施工时所持续的时间。

3.7　浅层处理 shallow treatment

通过置换、加筋、夯压、浅层固化、设置褥垫等方式对表层软土进行处理,以提高地基承载力的一种方法。

3.8　土工合成材料 geosynthetics

以塑料、化纤、合成橡胶等为原料,制成的各种聚合物产品。置于土体内部、表面或填料之间,发挥排水、隔离、反滤、加筋等作用的材料。

3.9　加筋 method of reinforcement

在土或填料中加入土工合成材料、钢筋等条带网格状抗拉材料,以改善土或填料的力学性能,提高路基稳定性和均化沉降的方法。

3.10　水泥搅拌桩 cement mixing piles

以水泥作为固化剂的主剂,利用搅拌机械将固化剂和地基土强制搅拌,使软土硬结成具有整体性、水稳定性和一定强度的一种桩体。

3.11　复合地基 composite subgrade

部分土体被增强或被置换形成增强体,由增强体和周围地基土共同承担荷载的地基。

3.12　桩承式加筋路堤 pile-supported reinforced embankment

在软土地基中按一定间距打设刚性桩,在桩顶端设置相应尺寸的桩帽(或称为托板),并在桩帽顶面铺设土工合成材料加筋垫层,然后填筑形成的路堤。

3.13　塑料套管混凝土桩 plastic tube cast-in-place concrete pile

带塑料套管的现浇混凝土桩,由预制桩尖、塑料套管、套管内混凝土、顶部桩帽四部分组成;按一定间距将塑料套管打入软土地基中,套管内用混凝土浇筑成桩。

3.14 负摩阻力和中性点 negative skin friction and neutral point

桩身周围土由于自重固结、地下水位下降、地面附加荷载等原因而产生大于桩身的沉降时，土对桩侧表面产生向下的摩阻力，称为负摩阻力。

在桩身某一深度处的桩土位移量相等，该处称为中性点。中性点是正、负摩阻力的分界点。

3.15 轻质路堤 lightweight embankment

将泡沫混凝土、EPS 块体、EPS 颗粒混合土、粉煤灰等轻质材料作为路基填料，以减少沉降、增加稳定性的一种路堤形式。

3.16 泡沫混凝土 foamed concrete

将发泡剂、水溶液用物理方法制备成泡沫群，并加入到由水泥、水、外加剂(集料)制成的浆液中，经混合搅拌、浇筑成型的含有大量封闭气孔的轻质材料。

3.17 EPS 块体 expanded polystyrene block

由聚苯乙烯发泡形成的块体，是一种轻质路基填料。

3.18 EPS 颗粒混合轻质土 mixed lightweight soil with EPS

将原料土、EPS 颗粒、固化材料和水混合搅拌均匀后，经压实和固化作用形成的一种改性人造轻质土。

3.19 动态设计方法 dynamic design method

根据施工过程中的反馈信息和监测资料，对设计参数及设计方案进行验证和优化的软基处理设计方法。

3.20 施工动态控制技术 dynamic control technology for construction

根据施工过程中的反馈信息和监测资料，对施工方案的安全性和合理性进行判断，动态跟踪和调整施工的控制技术。

3.21 路基填筑期预抛高 pre-flip height for subgrade settlement during subgrade filling

为了补偿预压期路基沉降,在路基填筑期内就将预压期内发生的路基沉降量作为路基填筑高度的一部分预先填筑的方法。

3.22 路面施工期预抛高 pre-flip height for settlement during pavement

在路面结构层施工之前预先采用路基填筑材料,或在路面施工过程中预先采用路面材料来补偿沉平控制时间内所发生的沉降量的方法。

3.23 预抛高沉平时间 the needed time for settlement equal to pre-flip height

路面施工期预抛高后,路面高程因地基沉降而沉至原设计高程所需的时间。

4 基本规定

4.1 软土的界定

4.1.1 软土主要有淤泥、淤泥质黏土、淤泥质粉质黏土、软塑至流塑黏土、软塑至流塑粉质黏土、稍密粉土、有机质土、泥炭质土、泥炭等。

4.1.2 软土鉴别可按表 4.1.2 执行。

表 4.1.2 软土鉴别指标表

<table>
<tr><td colspan="2">特征指标
名称</td><td>塑性指数
I_p</td><td colspan="2">天然
含水率
w（%）</td><td>天然
孔隙比
e</td><td>直剪快剪
内摩擦角
φ_q（°）</td><td>压缩系数
$a_{0.1-0.2}$
（MPa^{-1}）</td><td>十字板
抗剪强度
τ（kPa）</td><td>静力触探
锥尖阻力
q_c（MPa）</td><td>标准贯入
试验锤击
数 N（次）</td><td>有机质
含量
w_u（%）</td></tr>
<tr><td rowspan="5">黏性土</td><td>淤泥</td><td></td><td rowspan="5">≥35</td><td rowspan="3">$\geq w_L$</td><td>$e \geq 1.5$</td><td rowspan="5"><5</td><td rowspan="5">>0.5</td><td rowspan="5"><35</td><td rowspan="5">≤0.75</td><td rowspan="5"></td><td rowspan="5"></td></tr>
<tr><td>淤泥质黏土</td><td>$I_p > 17$</td><td rowspan="2">$1.0 \leq e < 1.5$</td></tr>
<tr><td>淤泥质粉质黏土</td><td>$10 < I_p \leq 17$</td></tr>
<tr><td>黏土</td><td>$I_p > 17$</td><td colspan="2" rowspan="2">$w \geq w_L$或$e \geq 1.0$</td></tr>
<tr><td>粉质黏土</td><td>$10 < I_p \leq 17$</td></tr>
<tr><td colspan="2">粉土</td><td>$7 < I_p \leq 10$</td><td>>30</td><td></td><td>$e > 0.9$</td><td></td><td>>0.3</td><td></td><td><2</td><td>≤8</td><td></td></tr>
<tr><td colspan="2">有机质土</td><td></td><td></td><td></td><td></td><td></td><td></td><td></td><td></td><td></td><td>$5 < w_u \leq 10$</td></tr>
<tr><td colspan="2">泥炭质土</td><td></td><td></td><td></td><td></td><td></td><td></td><td></td><td></td><td></td><td>$10 < w_u \leq 60$</td></tr>
<tr><td colspan="2">泥炭</td><td></td><td></td><td></td><td></td><td></td><td></td><td></td><td></td><td></td><td>$w_u > 60$</td></tr>
</table>

注：1. 当天然含水率和天然孔隙比两个指标同时满足时即可划为软土。

2. w_L 指液限（%）。

3. 液限、塑限分别采用 76g 锥试验确定。

4.2 基础资料

4.2.1 软土地基路堤设计应收集调查沿线的气象、水文、地形地貌、地质构造、工程地质及水文地质等资料。

4.2.2 根据设计要求还应收集和调查以下内容:

(1)路线纵横断面及桥梁、通道、涵洞的布设等各相关专业的设计资料;

(2)软土路段两侧附近的已有构筑物、管线等环境状况;

(3)路堤填筑材料的来源、特性等有关情况;

(4)附近公路、铁路、水利工程的软基处理相关经验;

(5)改扩建路段原有路基软土处理方法和沉降情况。

4.3 工程勘察

4.3.1 应根据道路等级、工程规模及场地条件,采用综合勘察方法,多种勘察手段互相补充验证。勘察成果和精度应满足各阶段的设计要求。

4.3.2 应加强勘察过程控制,重视原位测试工作,严格按操作规程规定的要求操作,保证勘察资料的准确性。

4.3.3 对可能导致地基失稳的沿河、傍山、暗浜、暗塘及桥头高填土等路段,应加强地质勘察工作,查明软土层的分布及其在纵向、横向的厚度和性质变化,为设计选线和路堤设计提供地质依据。

4.4 沉降与稳定标准

4.4.1 新建工程沉降控制标准:公路软土地基在路面设计使用年限内的工后沉降应满足表4.4.1的要求,同时对差异沉降的过渡应满足其渐变率≤0.5%。

表4.4.1 工后沉降控制标准

设计速度(km/h)	路段类型		
	桥梁与路基相邻路段(m)	箱式通道、涵洞与路基相邻路段(m)	一般路段(m)
≥100	≤0.10	≤0.15	≤0.30
80	≤0.15	≤0.20	≤0.40
≤60	≤0.20	≤0.30	≤0.50

注:桥式通道按桥梁考虑。

4.4.2 稳定控制标准:公路软土地基设计应进行路堤的稳定验算,其稳定安全系数应满足表4.4.2的规定值。

表4.4.2 稳定安全系数

安全系数 计算方法 / 采用指标	固结有效应力法		改进总强度法		简化 Bishop 法、Janbu 法
	不考虑固结	考虑固结	不考虑固结	考虑固结	
直接快剪	1.1	1.2			
静力触探、十字板剪切		1.2	1.3		
三轴有效剪切					1.4

4.5　设计

4.5.1　设计原则

设计应遵循以下原则：

(1)应遵循“安全适用、技术先进、经济合理、质量可控”的设计原则，做到因地制宜、合理选材、节约资源、保护环境。

(2)应重视软土地区地质选线工作，对深厚软土区尽可能避绕；软基处理方案应根据全寿命的设计理念从技术、经济等方面综合比选。

(3)应采用动态设计方法，重视施工监测与分析。当工程性质复杂，无类似的工程经验可借鉴时，应选择合适的试验段，对软基处理方案进行试验研究，为设计、施工提供依据。

(4)除执行本规范外，还应符合国家及行业现行有关标准、规范的规定。

4.5.2　设计步骤

设计步骤如下：

(1)根据不同沉降控制标准进行路基路段划分：桥梁与路基相邻路段的划分长度一般为30～50m，箱式通道或箱式涵洞与路基相邻路段的划分长度一般为20～40m，圆管涵与路基相邻路段的划分长度一般为10～20m，其余为一般路段。

(2)根据软土层厚度及其指标、填土高度等情况，分别对不同路段进行综合分析，提出有代表性的典型路段。

(3)分析各典型路段在天然地基条件下的总沉降、工后沉降、极限填筑高度、稳定安全系数等，根据沉降及稳定控制标准，确定是否需进行地基处理。

(4)根据处理方法的选用原则，拟定典型路段的各适用处理方案，进行计算分析和综合比较，确定最终处理方案。

4.5.3　选用原则

4.5.3.1　一般路段

(1)软土层深度为3～5m时，宜选用浅层处理或堆载预压；软土层深度大于5m时，宜选用排水固结法或复合地基，当填土高度较大，稳定性不能满足设计要求时，可结合加筋处理。

(2)软土层厚度大于10m时，宜选用排水固结法或复合地基，并结合等载预压或超载预压；当预压高度较大，稳定性不能满足设计要求时，可结合加筋处理。

(3)在填土高、工期紧的情况下，可选用桩承式加筋路堤、轻质路堤或真空联合堆载预压等方案。

4.5.3.2　桥梁、通道、涵洞与路基相邻路段

(1)填土高度较低(<3.0m)并具备预压条件时，宜选用排水固结法结合堆载预压的处理方法。

(2)填土高度较高时(≥3.0m)，宜选用桩承式加筋路堤或水泥搅拌桩等方法。

(3)填土高度超过2~3倍的极限填筑高度时,宜选用桩承式加筋路堤,或选用泡沫混凝土、EPS块体、EPS颗粒混合土、粉煤灰等轻质填料,并可结合排水固结、复合地基等方法综合处理。

4.5.3.3 相邻路段

对存在差异沉降的相邻路段,应进行过渡处理设计。

两构造物之间,当一般路段长度小于50m时,宜采用与构造物相邻路段相同的处理方法。

4.5.3.4 特殊地形地貌路段

(1)傍山路段软土分布纵横向变化较大。当软土埋深浅、厚度薄时,宜选用置换法;当软土深厚时,宜选用轻质路堤或钻孔灌注桩等处理方法。

(2)邻河塘路段,应根据软土层条件和稳定验算结果,宜选用预应力管桩等桩承式加筋路堤、轻质路堤等处理方法。

(3)桥下、杆线下方等施工设备受净空限制路段,宜选用钻孔灌注桩、轻质路堤等对设备高度要求低的处理方法。

(4)邻近重要构筑物路段,宜选用钻孔灌注桩、水泥搅拌桩、轻质路堤等对构筑物影响小的处理方法;不宜选用真空预压、排水固结等易产生地基沉降及侧向位移等不良影响的处理方法。

4.5.3.5 改扩建路段

(1)路基拼接时,原有路基与拓宽路基的路拱横坡度的工后增大值不应大于0.5%;拓宽路基桥头路段工后沉降不大于5cm,桥头路段总沉降不大于15cm,一般路段工后沉降不大于15cm。

(2)原有路基已基本完成地基沉降的路段,路基拓宽范围的软土地基处理宜选用桩承式加筋路堤或复合地基,不宜选用排水固结法处理。

(3)原有路基尚未完成地基沉降的路段,路基拓宽范围的软土地基处理可选用排水固结法,或与原处理方式相同的处理方法。

4.5.4 沉降与稳定性计算

4.5.4.1 设计应进行软基的沉降与稳定性计算分析工作,必要时应采用有限元等数值分析方法进行验算。沉降计算和稳定验算应考虑路堤在施工期与预压期由于地基沉降而补方的填料增重的影响。

4.5.4.2 沉降计算应包含总沉降及工后沉降的计算,具体计算如下:

(1)总沉降

总沉降S宜按式(4.5.4.2-1)计算:

$$S = m_s S_c \tag{4.5.4.2-1}$$

式中:m_s——综合经验修正系数,与地基条件、荷载强度、加荷速率等因素有关,其范围一般为0.9～1.7；

S_c——主固结沉降(mm)。

总沉降 S 也可按式(4.5.4.2-2)计算：

$$S = S_d + S_c + S_s \quad (4.5.4.2\text{-}2)$$

式中：S_d——瞬时沉降(mm)；

S_s——次固结沉降(mm)。

(2)工后沉降

路面设计使用年限内的工后沉降 S_p 可按式(4.5.4.2-3)计算：

$$S_p = S_{tp} - S_{td} \quad (4.5.4.2\text{-}3)$$

式中：S_{tp}——路面设计使用年限末的地基沉降量(mm)；

S_{td}——路面交工时的地基沉降量(mm)。

4.5.4.3 稳定验算

软土地基路堤的稳定验算一般采用固结有效应力法、改进总强度法，有条件时也可采用简化 Bishop 法；对于非圆弧滑动验算，宜采用 Janbu 普通条分法。验算时，按施工期和营运期的荷载分别计算安全系数。施工期的荷载包括路堤自重，营运期的荷载包括路堤自重、路面的增重及行车荷载。

4.5.5 高速公路、一级公路应采用动态设计方法和施工动态控制技术，二级及二级以下公路宜采用动态设计方法和施工动态控制技术。

4.6 施工要求

4.6.1 施工组织设计应满足设计要求的预压期和沉降稳定时间，特别是采用排水固结和预压处理的路段应尽早实施，以利于满足沉降要求。

4.6.2 应按照软基特性和不同的处理方式，实施施工动态控制。

4.6.3 预压期应根据实测的沉降情况进行调整；路基二次开挖、回填及路面施工时间应以沉降速率和推算工后沉降值控制，两者均应满足设计容许值。

4.6.4 大面积施工前，应根据设计要求进行现场试桩或试验，以确定合理的施工技术参数。

4.6.5 施工阶段实际地质情况与施工图出入较大时，应验证地质情况，修正设计方案。

4.7 设计文件的编制

4.7.1 设计文件编制按现行设计文件编制办法执行。

4.7.2 初步设计文件常用图表应包含以下内容:

(1)软土地基处理方案比选表;

(2)软土地基处理方法典型设计图;

(3)不同处理方法之间过渡处理设计图;

(4)软土地基处理设计表;

(5)软土地基处理工程数量表;

(6)软土地基路堤动态监测设计图;

(7)软土地基路堤动态监测设计表及工程数量表。

4.7.3 施工图设计文件常用图表应包含以下内容:

(1)软土地基处理方法典型设计图;

(2)软土地基处理设计表;

(3)软土地基处理工程数量表;

(4)不同处理方法之间过渡处理设计图;

(5)软土地基处理沿线纵断面布置图;

(6)预压路段增宽及坡率设计图;

(7)软土地基路堤动态监测设计图;

(8)软土地基路堤动态监测设计表及工程数量表;

(9)复杂路段软土地基处理平面布置图。

5 浙江省软土的工程特性及勘察

5.1 浙江省软土的分类与工程特性

5.1.1 软土的分布

(1)浙江省软土主要分布在浙北、浙东平原区(Ⅰ),零星分布在中低山丘陵及浙中盆地区(Ⅱ)低洼地带。

(2)浙江省软土分区可参考表5.1.1及附录A。

(3)各分布区典型软土物理力学性质指标可参考附录E。

表5.1.1 浙江省软土分区表

区	亚 区
浙北、浙东平原区(Ⅰ)	杭(州)嘉(兴)湖(州)平原软土分布区($Ⅰ_1$)
	萧(山)绍(兴)姚(余姚)平原软土分布区($Ⅰ_2$)
	宁(波)奉(化)平原软土分布区($Ⅰ_3$)
	温(岭)黄(岩)平原软土分布区($Ⅰ_4$)
	温(州)瑞(安)平(阳)平原软土分布区($Ⅰ_5$)
	三门湾及岛屿软土分布区($Ⅰ_6$)
中低山丘陵及浙中盆地区(Ⅱ)	

5.1.2 浙江省软土的分类

5.1.2.1 软土按成因类型分类见表5.1.2.1。

表5.1.2.1 软土按成因分类

成 因 类 型	分布范围及主要特征
海相	分布于杭(州)嘉(兴)湖(州)平原、萧(山)绍(兴)姚(余姚)平原、宁(波)奉(化)平原、温(岭)黄(岩)平原、温(州)瑞(安)平(阳)平原,分布范围广,表层有较薄的硬壳层,其下为较厚的淤泥及淤泥质土层,在其边缘常有泥炭堆积;软土层厚度由山前向海边逐渐增大,由平原向山前逐渐变薄
湖沼相	主要分布于中低山丘陵及浙中盆地区排水不畅的低洼地带,分布不均,范围较小,局部有机质含量高

5.1.2.2 软土按特性指标分类见表4.1.2。

5.1.2.3 软土按厚度分类见表5.1.2.3-1,软土按埋藏条件分类见表5.1.2.3-2。

表 5.1.2.3-1 软土按厚度分类

分类名称	软土层厚度
薄层软土	厚度≤3m
中厚层软土	3m＜厚度≤15m
厚层软土	15m＜厚度≤30m
巨厚层软土	厚度＞30m

表 5.1.2.3-2 软土按埋藏条件分类

分类名称	分布及特征	典型剖面
无覆盖层软土	分布在池塘、河流、海洋等处，软土层直接分布于水面之下，固结较差，有的为流泥或浮泥	软土 硬土
浅埋软土	主要分布于海积、冲湖积平原区，表部一般为软～硬塑状黏土、粉质黏土，俗称“硬壳层”，厚度一般小于3m，其下为软土层；多分布在杭(州)嘉(兴)湖(州)平原、萧(山)绍(兴)姚(余姚)平原及宁(波)奉(化)平原等处	硬壳层 软土 硬土
深埋软土	主要分布于钱塘江两岸冲海积平原区，表部一般为粉土、粉砂层，厚度一般大于10m，其下为软土层；当只考虑多层软土的下层软土时，也属此类	粉土、粉砂 软土 硬土
多层软土	主要分布于杭(州)嘉(兴)湖(州)平原、萧(山)绍(兴)姚(余姚)平原及宁(波)奉(化)平原等处，其余平原区也有分布；软土分2～3层，软土间为硬土层或相对硬层，局部硬土层缺失处，两层软土层直接接触；第三软土层埋深较大，对路基影响一般较小	硬壳层 第一软土层 硬土 第二软土层 硬土
山前软土	主要分布于海积、冲海积平原傍山段，表部一般为软～硬塑状黏土、粉质黏土，下部软土层厚度自山体向平原区倾斜，随岩体起伏纵、横向厚度变化大	硬壳层 软土 基岩 硬土

5.1.3 软土的工程特性

软土的工程特性见附录D。

5.2 工程勘察

5.2.1 应在资料收集的基础上,根据场地条件、公路等级选用综合勘察方法,查明场地的工程地质条件、水文地质条件,为设计提供必要的地质参数。工程勘察应满足《公路工程地质勘察规范》(JTJ C20)与《公路路基设计规范》(JTG D30)的要求。

5.2.2 初步设计阶段勘察应基本查明以下内容:

(1)地形地貌的成因、类型、分布和形态特征;

(2)软土的成因、地质年代、分布范围、埋藏深度、地层结构、分层厚度;

(3)软土下卧硬层的起伏形态和横向坡度、地表硬壳层的分布范围及厚度;

(4)软土地层中的砂类土夹层或透镜体的分布范围、厚度、渗透性、密度程度;

(5)软土的物理、力学、水理性质和地基的承载力;

(6)暗埋的塘、浜、沟、渠等的发育与分布情况;

(7)地下水的类型、埋深、水位变化情况、水质及腐蚀性。

5.2.3 施工图设计阶段勘察应查明第5.2.2条的内容。

5.2.4 勘察方法的选用按下列原则执行:

(1)应结合工程地质条件选择,并有所侧重。宜按以下顺序进行:收集资料→工程地质调查测绘→钻探与原位测试→室内试验→编制报告。

(2)钻探应根据软土地层结构、成因类型、成层条件、地层厚度并结合构筑物的类型、规模与基础类型等综合确定钻孔间距、深度。对软土埋藏浅、厚度小的地段或山区薄层软土段,可采用探坑或轻便螺纹钻。

(3)原位测试应根据岩土条件、设计对参数的要求、地区经验和测试方法的适用性等因素选用。原位测试成果应与室内试验成果相互验证,保证成果的准确性。

5.2.5 资料收集应包含以下内容:

(1)工程规模、设计要求等资料;

(2)地形地貌、区域地质、水文地质、遥感影像、气象、地震动峰值加速度等资料;

(3)前期勘察和试验成果资料;

(4)区内类似土建工程软基处治的措施和经验。

5.2.6 工程地质调查和测绘应包含以下内容:

(1)对工程地质条件较复杂的场地应进行工程地质测绘。对工程地质条件简单的场地,可用工程地质调查代替工程地质测绘。

(2)初步设计阶段宜在工程可行性研究的基础上全面进行工程地质调查和测绘,施工图设计阶段可在初步设计的基础上,对某些专门的地质问题作必要的补充。

(3)工程地质调查和测绘主要有以下内容:

①场地的微地貌类型和不良地质作用,并进行工程地质分区。

②场地的第四纪地层特征、成因类型、分布范围、埋藏条件、应力历史等情况。

③地下水的埋藏条件、水位变化幅度与地表径流及潮汐的水力联系、补给来源和地下水质类型等。

④既有堤防、涵洞、桥梁、道路、房屋、地下洞室等构筑物修建时间、地基处理措施、施工方法、处理效果等。

5.2.7 勘探

5.2.7.1 勘探点间距确定原则

(1)纵向勘探点间距应按以下原则确定:

①纵向勘探点控制间距应满足表5.2.7.1的规定。

表5.2.7.1 纵向勘探点控制间距

环境类别	公路等级	钻探点间距(m)		静力触探点间距(m)	
		初步设计阶段	施工图设计阶段	初步设计阶段	施工图设计阶段
简单场地	高速公路、一级公路	600~800	400~600	250~400	200~250
	二级公路	800~1 000	600~700	400~500	250~300
	二级以下公路	1 000~1 500	700~1 000	500	300~500
复杂场地	高速公路、一级公路	400~600	250~400	200~250	100~200
	二级公路	600~700	400~500	250~300	200~250
	二级以下公路	700~1 000	500~1 000	300	250~300

注:1. 设计填土高度大于极限高度或桥头路段采用低限。
2. 有桥梁钻孔或构造物钻孔作为路桥两用钻孔利用时,可适当酌减。
3. 施工图设计阶段,宜在傍山路段等复杂场地增布纵横向勘探孔,以查明软土层厚度在纵横方向的变化。
4. 对于改扩建工程,尚应自公路中心向两侧加密布设横向勘探孔,单侧至少应布置3个孔,包括钻孔或静力触探孔。

②对于傍山软土路段及其他软土厚度变化较大的路段,勘探孔应加密布置,以查明软土层的厚度和性质在纵向上的变化,满足设计要求。

③对于改扩建工程,应根据工程特点、原公路软基处理方式、固结时间等综合确定勘探点间距。

(2)横向勘探点间距应按以下原则确定:

①简单场地纵向间距500~1 000m布置1个路基横向断面,在场地条件复杂、软土层性质或厚度变化较大处,应适当加密,可按250~500m考虑。

②每个横断面上勘探点不宜少于3个,可按路基中心线及两侧坡脚进行布置,在工程地质条件复杂、路基宽度较大处应加密布孔。

③扩建工程扩建侧横断面钻孔应从原路基坡脚向外布置,勘探孔数量不宜少于3个。

5.2.7.2 勘探孔定位应按以下原则确定:

(1)初步设计阶段勘探孔位置应在1:2 000路线平面上标注或在现场布设。孔点位置用坐标控制,允许移动范围:对路基孔沿中线前后不超过30m,垂直中线左右不超过15m;构造物孔沿中线前后不超过10m,垂直中线左右不超过5m。孔口高程不超过10cm。

(2)施工图设计阶段勘探孔位置应在1∶2 000路线平面上标注,并充分利用初步设计阶段勘探孔成果。孔点位置用坐标控制,允许移动范围:对路基孔沿中线前后不超过20m,垂直线左右不超过10m;构造物孔沿中线前后不超过5m,垂直中线左右不超过5m。孔口高程不超过10cm。

5.2.7.3　勘探点深度应按以下原则执行:

(1)勘探点深度主要根据软土埋藏分布条件及填土高度而确定,要求能够满足工程地质评价和设计的需要。

(2)钻孔深度宜穿透软土层。对于厚层及巨厚层软土,钻孔深度应达到预估的地基附加应力与地基土自重应力比为0.10~0.15时所对应的深度(地下水位以下采用浮重度)或不小于地基压缩层的计算深度。

(3)对于薄层软土或傍山路段,钻孔深度应达到下卧层内2~5m。

(4)对于多层软土,应根据软土特点、填土高度、处理方式等,按受影响的最下层软土控制。

5.2.7.4　钻探取样应按以下原则确定:

(1)控制性钻孔必须按规定深度在软土层中准确采用原状土样。一般性钻孔应按控制性钻孔规定深度鉴别土层,必要时在重要层位取样或进行原位测试。

(2)取样间距:对非均质土,在地面以下10m以内,每1.0m取样一组;在地面以下10~20m,每1.5m取样一组;20m以下可每2.0m取样一组。变层处应取样品。对厚层、巨厚层均质软土层,可对性质相同或相近层次的层顶和层底各取一组样品,中间取两组以上的样品。如软土指标有变化,应补取样品。对于硬壳层、软土间夹层、硬土层以及排水砂层,也应采集样品以取得计算指标,取样间距为1.5~2.0m。

(3)取样质量和数量应满足室内试验的要求。

5.2.8　原位测试

5.2.8.1　原位测试方法选择应执行以下规定:

(1)原位测试方法应根据岩土条件、设计对参数的要求、地区经验和测试方法的适用性等因素选用。

(2)根据原位测试成果,利用地区经验估算岩土工程特征参数和对岩土工程问题作出评价时,应与室内试验和工程反算参数作对比,检验其可靠性。

(3)对原位测试的仪器设备应定期检验和标定。分析原位测试成果资料时,应注意仪器设备、试验条件、试验方法等对试验的影响,结合地层条件,剔除异常数据。

5.2.8.2　载荷试验应执行以下规定:

(1)载荷试验用于测定承压板下应力主要影响范围内软土的承载力及变形特性。可根据需要选用浅层平板载荷试验、深层平板荷载试验或螺旋板荷载试验。

(2)根据载荷试验资料,可确定比例界限压力、极限压力、地基土承载力、土的变形模量、基准基床系数等。

5.2.8.3 静力触探试验应执行以下规定:

(1)根据需要采用双桥探头或带孔隙水压力量测的双桥探头,测定锥尖阻力(q_c)、侧壁摩阻力(f_s)和贯入时的孔隙水压力(u)。

(2)根据静力触探资料,可进行力学分层,估算土的强度、地基承载力、沉桩阻力等。根据孔压消散曲线可估算土的固结系数和渗透系数。

5.2.8.4 十字板剪切试验应执行以下规定:

(1)用于测定饱和软黏性土($\varphi\approx0$)的不排水抗剪强度和灵敏度。

(2)根据十字板剪切试验资料,可计算各试验点的不排水抗剪峰值强度、残余强度、重塑土强度和灵敏度,确定地基承载力、单桩承载力,计算边坡稳定,判定软黏性土的固结历史。

5.2.8.5 扁铲侧胀试验应执行以下规定:

(1)根据试验资料,可计算土的侧胀模量、侧胀水平应力指数、侧胀土性指数。

(2)根据地区经验,可判别土类,确定黏性土的状态、静止侧压力系数、水平基床系数等。

5.2.8.6 旁压试验应执行以下规定:

(1)可采用预钻式或自钻式旁压试验。

(2)根据旁压试验资料,可计算土体的旁压模量,评定地基承载力和变形参数。根据自钻式旁压试验的旁压曲线,还可测求土的原位水平应力、静止侧压力系数、不排水抗剪强度等。

5.2.8.7 波速测试应执行以下规定:

(1)可采用单孔法、跨孔波或面波法测定软土的压缩波、剪切波或瑞利波的波速,计算软土的动力参数。

(2)根据测试资料,可计算土层小应变的动弹性模量、动剪切模量和动泊松比。

5.2.9 室内试验

5.2.9.1 软土试验样品不得因长期存放而改变其物理力学性质,必要时可在现场进行室内试验。对原状软土样品应在三天内开样试验,并应做好开样记录。对不能按时开始试验的样品应妥善保存,合理置放,夏季应挖坑放置,并用保持一定湿度的覆盖物防护;冬季应放置于合适温度的场地,严禁样品受冻。

5.2.9.2 土样试验及对试验指标的整理与统计,必须严格遵照《公路土工试验规程》(JTG E40)的规定进行。

5.2.9.3 软土室内试验项目应按附录 C 执行，不同地基处理方法的软土试验项目应按附录 B 执行。

5.2.10 资料整理及工程地质勘察报告编制

5.2.10.1 对各阶段原始数据及中间成果应进行及时整理分析。对岩土的参数应进行数理统计，作为编制工程地质勘察报告的基础资料。

5.2.10.2 工程地质勘察报告编制应满足下列要求：

(1)总说明应重点分析软土的工程地质特征及埋藏分布条件及其对路线和构筑物的影响，作出工程地质评价与预测，提出软土处理措施的建议。

(2)综合图表部分应根据工程性质提供特殊性岩土地段一览表、物理力学性质统计表、全线工程地质平面图、全线工程地质纵断面图、e-p 曲线图、e-lg$p$ 曲线图、勘探孔地质柱状图、原位测试成果图表等。

(3)工点资料应提供工程地质说明、工程地质平面图、工程地质纵断面图、代表性工程地质横断面图等。必要时还应提供硬壳层底面或硬土层顶面高程等值线图。

6 浅层处理

6.1 一般规定

6.1.1 适用范围

(1)地基承载力不足的浅层软土路段。

(2)不满足路面结构及路基对地基强度要求的低填、浅挖路段。

6.1.2 常用形式及选用原则

(1)地基浅层软土深度小于 3.0m 的路段,处理形式可选用排水垫层、浅层置换或浅层加固。

(2)路基填筑高度小于 2.0m 的路段及浅挖路段,处理形式可选用排水垫层、浅层加固。

(3)地基位于河塘、滩地及常年积水的洼地,表层为流塑状软土且层厚较薄时,处理形式可采用抛石挤淤。

6.2 设计

6.2.1 应根据工程具体情况,按就地取材的原则选用材料。排水垫层宜选用透水性能良好的砂砾或碎石;置换垫层宜选用强度较高的砂砾、碎石、宕渣等;浅层加固可选用水泥稳定土、石灰稳定土等。

6.2.2 材料要求

(1)砂砾

砂砾应为级配良好、质地坚硬的粒料,其颗粒不均匀系数不小于 10,不含植物残株、垃圾等杂质,一般最大粒径为 5~40mm 的天然级配;若采用砂石掺配,以中粗砂为宜,并掺入 25%~30% 的碎石或卵石,最大粒径不宜大于 50mm,含泥量不应大于 5%。

(2)碎石

一般采用中~微风化硬质岩且级配良好的碎石,最大粒径不宜大于 50mm,含泥量不应大于 5%。

(3)宕渣

最大粒径不大于 100mm,含泥量不应大于 10%。

(4)岩渣水泥稳定土

水泥稳定土颗粒的最大粒径不应超过 50mm,宜选用塑性指数小于 17 的土。应通过配合比试验确定水泥剂量(水泥剂量=水泥质量/干土质量),一般不小于3%。

(5)石灰稳定土

土料宜选用粉质黏性土,不宜使用块状黏土和砂质粉土,不得含有松软杂质,其最大粒径不宜大于15mm。加固剂可选用新鲜的消石灰,其最大粒径不宜大于5mm,不得夹有半熟化的生石灰块,其质量通常以CaO+MgO含量不低于55%控制。

(6)抛石材料

抛石材料宜采用中~微风化硬质岩,小于300mm粒径含量不宜大于20%。

6.2.3 浅层处理厚度

(1)排水垫层厚度以0.3~0.8m为宜,铺设范围为路堤坡脚外延伸0.5~1.0m。

(2)置换厚度不宜大于3.0m。

(3)浅层加固处理的厚度宜为0.5~3.0m。

6.2.4 计算

6.2.4.1 浅层处理的设计计算应满足地基承载力和变形的要求。

6.2.4.2 置换层、加固土层的厚度可按式(6.2.4.2)计算确定。

$$p_z + p_{cz} \leq f_{ak} \tag{6.2.4.2}$$

式中:p_z——置换层、加固土层底面处的附加应力(kPa);

p_{cz}——置换层、加固土层底面处的自重应力(kPa);

f_{ak}——置换层、加固土层底面处下卧层的地基承载力设计值(kPa)。

6.2.4.3 挡土墙、箱式通道(涵洞)、盖板涵置换层、加固土层底面处的附加应力值P_z可按式(6.2.4.3)简化计算,其计算示意如图6.2.4.3所示。

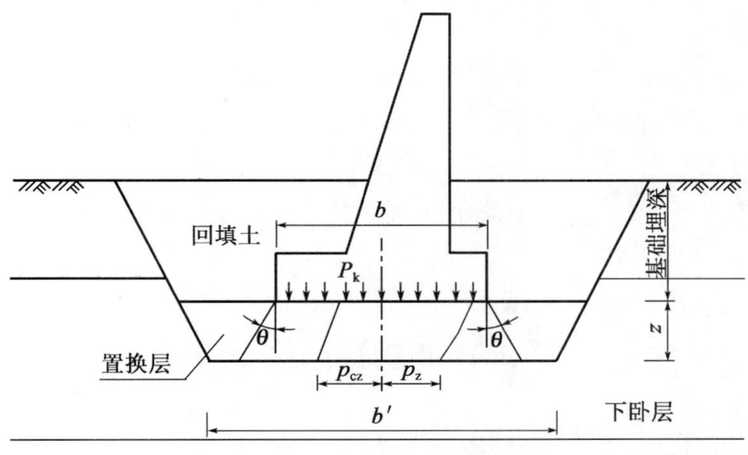

图6.2.4.3 附加应力计算示意图

$$p_z = \frac{b(p_k - p_c)}{b + 2z\tan\theta} \tag{6.2.4.3}$$

式中:b——基础底面宽度(m);

p_k——基础底面处的平均压力设计值(kPa);

p_c——基础底面处的自重应力(kPa);

z——置换层、加固土层的厚度(m);

θ——压力扩散角(°),可按表6.2.4.3确定。

表6.2.4.3 压力扩散角 θ(°)

置换材料 / z/b	中砂、粗砂、砾砂、圆砾、角砾、卵石、碎石	黏性土和粉土($8<I_p<14$)	石灰稳定土
0.25	20	6	30
≥0.5	30	23	

注:1. 当 $z/b<0.25$ 时,除石灰稳定土取 $\theta=30°$,其余材料均取 $\theta=0°$,必要时,宜由试验确定。

2. 当 $0.25<z/b<0.5$ 时,θ 值可内插确定。

6.2.4.4 置换层、加固土层的底面宽度可按式(6.2.4.4)计算确定。

$$b' \geqslant b + 2z\tan\theta \tag{6.2.4.4}$$

式中:b'——置换层、加固土层底面宽度(m);

b——基础底面宽度(m);

z——置换层、加固土层的厚度(m);

θ——压力扩散角(°),可按表6.2.4.3确定。

6.2.4.5 低填、浅挖路基采用浅层处理,应满足《公路路基设计规范》(JTG D30)中对路床CBR值的要求和《公路沥青路面设计规范》(JTG D50)对土基回弹模量 E_0 值的要求。

6.2.4.6 置换层、加固土层的抗压模量值 E_d 与CBR可采用式(6.2.4.6)进行换算。

$$E_d = 17.6\mathrm{CBR}^{0.64} \tag{6.2.4.6}$$

式中:CBR——加州承载比(%)。

6.2.4.7 路面结构下土基回弹模量可根据加固土层抗压模量及下卧层回弹模量采用等效法验算,或采用路面设计计算程序反算,或现场采用承载板法测得。

6.2.4.8 对置换层下存在软弱土层的地基,应按式(6.2.4.8-1)进行沉降验算。

$$S = S_{zh} + S_u \tag{6.2.4.8-1}$$

式中:S——总沉降(mm);

S_{zh}——置换层自身的变形值(mm),仅考虑其自身的压缩变形,并按式(6.2.4.8-2)简化计算;

S_u——置换层下压缩层范围内各土层压缩变形之和(mm),可用分层总和法按式(6.2.4.8-3)计算。

$$S_{zh} = \left(\frac{p_k + \alpha p_k}{2}z\right)/E_s \tag{6.2.4.8-2}$$

$$S_u = \sum_{i=1}^{n}\frac{e_{1i} - e_{2i}}{1 + e_{1i}}H_i = \sum_{i=1}^{n}\frac{\Delta p_i}{E_{si}}H_i \tag{6.2.4.8-3}$$

式中：p_k——置换层顶面的平均压力设计值(kPa)；

α——平均压力扩散系数，按表6.2.4.8确定；

z——置换层的厚度(mm)；

E_s——置换层压缩模量(MPa)，宜由载荷试验确定；

e_{1i}——根据第 i 分层的自重应力平均值，从土的压缩曲线上得到的相应孔隙比；

e_{2i}——根据第 i 分层的自重应力平均值与附加应力平均值之和，从土的压缩曲线上得到的相应孔隙比；

H_i——第 i 分层土的厚度(m)；

E_{si}——第 i 分层土的压缩模量(MPa)；

Δp_i——第 i 分层土的附加应力平均值(kPa)。

表6.2.4.8 平均压力扩散系数 α

2z/b	L/b											
	1.0	1.2	1.4	1.6	1.8	2.0	3.0	4.0	5.0	6.0	10.0	条形
0.0	1.000	1.000	1.000	1.000	1.000	1.000	1.000	1.000	1.000	1.000	1.000	1.000
0.2	0.994	0.995	0.996	0.996	0.996	0.997	0.997	0.997	0.997	0.997	0.997	0.997
0.4	0.960	0.968	0.972	0.974	0.975	0.976	0.977	0.977	0.977	0.977	0.977	0.977
0.6	0.892	0.910	0.920	0.926	0.930	0.932	0.936	0.936	0.937	0.937	0.937	0.937
0.8	0.800	0.830	0.848	0.859	0.866	0.870	0.878	0.880	0.881	0.881	0.881	0.881

注：L-置换层长度(m)；b-置换层宽度(m)；z-置换层厚度(m)。

6.2.4.9 置换层的承载力宜通过现场载荷试验确定，并应进行下卧层承载力的验算。

6.2.4.10 置换层的最小压实度应不小于相同层次的路基填料压实控制标准。

6.3 施工要求

6.3.1 排水垫层及浅层置换

(1)施工机械、分层摊铺厚度及压实遍数等宜通过试验确定，一般情况下分层铺填厚度为200～300mm。

(2)施工质量检验应分层进行，每层的压实度符合设计要求后方可填筑上层土。

6.3.2 砂砾、碎石层

(1)施工中应控制最佳含水率，并采用机械碾压。

(2)饱和砂石垫层宜采用插入式振捣或水撼法施工。

(3)砂砾、碎石层的底面宜铺设在同一高程上，如不在同一平面，宜采用台阶或斜坡方式连通。

6.3.3 水泥稳定土加固层

(1)稳定土碾压的松铺厚度和分层压实厚度应事先通过试验确定。

(2)对人工摊铺的土层整平后,用轻型压路机进行碾压,使其表面平整,并满足压实度要求。

(3)拌和深度应达稳定层底并宜侵入下承层5~10mm,以利上下层黏结。

(4)洒水及拌和过程中,应及时检查混合料的含水率,含水率宜比最佳含水率大1%~2%。

(5)经过拌和、整形的水泥稳定土,宜在水泥初凝前并应在试验确定的延迟时间内完成碾压,并达到要求的密实度,同时没有明显的轮迹。

6.3.4 石灰稳定土加固层

(1)石灰稳定土垫层施工,必须先做好排水设施,严禁场地积水。

(2)石灰稳定土垫层应将石灰稳定土拌和均匀,控制含水率。

(3)石灰稳定土垫层压实后3天内不得受水浸泡,冬季施工应采取防冻措施。

6.3.5 抛石挤淤

(1)当横坡缓于1:10时,应沿路线中线向前成等腰三角形抛填,渐次向两侧对称抛填至全宽,将淤泥挤向两侧。

(2)当横坡陡于1:10时,应自高向低张开抛填,并在低侧边部多抛约2m宽的平台顶面。

(3)当石料抛出水面后,用小石块填塞平整,用重型压路机碾压,其上铺设反滤层,再进行填土。

(4)不得在施工完抛石挤淤的垫层上直接填筑路基,应增设一层土工合成材料加筋垫层来改善路基底部的受力性能。

6.4 质量检验

6.4.1 压实度检测方法按《公路工程质量检验评定标准》(JTG F80/1)附录B进行,检测频率按每200m每压实层测4处控制。

6.4.2 加固土强度不应小于设计要求。

6.4.3 处理宽度和深度不应小于设计要求。

6.4.4 弯沉或承载板试验应满足设计要求。

7 土工合成材料加筋

7.1 一般规定

7.1.1 主要适用于结合不同软基处理方式的加筋垫层。

7.1.2 常用类型及选用原则如下：

(1)土工合成材料的常用类型主要有编织土工布、复合土工布、塑料土工格栅、经编土工格栅、玻纤土工格栅、整体式钢丝土工格栅、钢塑土工格栅、土工格室等。

(2)土工合成材料加筋布置设计示意图见图7.1.2。

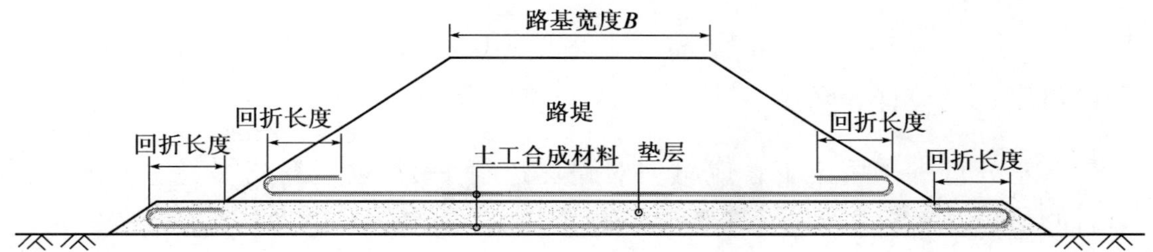

图7.1.2 土工合成材料加筋布置设计示意图

(3)土工合成材料的工程特性和适用范围见表7.1.2。

表7.1.2 土工合成材料工程特性和适用范围

材料名称	材料工程特性	适用范围
编织土工布	抗拉强度和顶破强度一般；延伸率较大，蠕变性较大；反滤性较好，渗透性好；未经特殊处理，则抗紫外线能力低，如不直接暴露，抗老化及耐久性较好	一般适用于排水固结法处理软基的路段，起到隔离不同填料、改善排水通道及均衡地基受力的作用；不适用于直接作为加筋材料或复合地基路堤加筋处理
复合土工布	抗拉强度和顶破强度较高；延伸率相对较大，蠕变性较小；渗透性和反滤性好；抗紫外线能力、抗老化及耐久性较好	一般与排水固结法联合处理软土地基或直接作为加筋和隔离材料使用，不适用于复合地基路堤、高路堤的加筋处理
塑料土工格栅	抗拉强度较高；延伸率中等；节点采用熔接工艺，强度较高；与填料结合效果尚可；蠕变性较大，耐久性一般	一般适用于排水固结法、水泥搅拌桩或桩承式加筋路堤的加筋处理

材 料 名 称	材料工程特性	适 用 范 围
经编土工格栅	抗拉强度高,延伸率较小;节点采用定向编织网格,强度较高;抗撕裂强度大,与填料结合力较强;蠕变性较大,耐久性较好	一般适用于排水固结法、水泥搅拌桩或桩承式加筋路堤的加筋处理
玻纤土工格栅	抗拉强度高,但抗折性能差;延伸率小,蠕变性小;耐磨性强,抗疲劳开裂和抗低温缩裂性较好	一般适用于路面防开裂处理,不得用于路堤底部加筋
整体式钢丝土工格栅	抗拉强度高,延伸率小;节点采用钢丝焊接工艺,节点强度高;蠕变性小,耐久性好	一般适用于桩承式加筋路堤的加筋材料
钢塑土工格栅	抗拉强度高,延伸率小;节点采用超声波焊接工艺,节点强度相对较低;蠕变性小,抗冻性好,耐久性一般	一般适用于水泥搅拌桩或桩承式加筋路堤的加筋材料;但施工过程中节点与表面镀塑易受损,垫层宜采用砂砾、灰土材料
土工格室	抗拉强度高;节点采用强力焊接工艺,节点强度较高;延伸性较大,抗化学性能优,耐久性好,对施工控制及压实要求较高	一般适用于加筋垫层,排水垫层中不宜采用

7.2 设计

7.2.1 材料要求与设计参数

7.2.1.1 软基处理中采用土工合成材料对路堤进行加筋,以提高路堤稳定性时,常用的主要技术指标有抗拉强度、延伸率、焊接(接缝)强度、界面摩擦系数及耐久性。

7.2.1.2 土工合成材料主要用于加筋时,宜选用强度高、变形小且界面粗糙的土工格栅类;用于反滤、隔离、排水同时兼顾加筋目的时,宜选用渗透性好、有效孔径适宜,拉伸断裂强度大、界面粗糙度大的土工合成材料类,具体如下:

(1)浅层处理:可选用编织土工布、复合土工布、塑料土工格栅、经编土工格栅、土工格室。

(2)排水固结处理:可选用复合土工布、塑料土工格栅、经编土工格栅。

(3)水泥搅拌桩:可选用塑料土工格栅、经编土工格栅、钢塑土工格栅、土工格室。

(4)桩承式加筋路堤:可选用钢塑土工格栅、整体式钢丝土工格栅。

7.2.1.3 用于加筋的土工合成材料,一般要求延伸率不大于15%;加筋土工合成材料除整体式钢丝土工格栅及土工格室外,一般宜在端部回折反包上一填筑层,回折长度不宜小于2.0m。

7.2.1.4 土工合成材料的设计抗拉强度 T_{gc},按式(7.2.1.4)确定。

$$T_{gc} = T_s/\lambda_c \qquad (7.2.1.4)$$

式中:T_s——土工合成材料的抗拉强度;

λ_c——材料强度综合修正系数,对于土工织物取3.0,对于土工格栅取2.0,土工格室可取 1.5 ~2.0。

7.2.1.5 土工合成材料的设计抗拉强度还应满足以下条件:若根据式(7.2.1.4)计算得到的 T_{gc} 大于土工合成材料延伸率为5%时对应的拉力值,采用延伸率5%时的拉力值作为设计抗拉强度。用于加筋的土工合成材料的设计抗拉强度不宜小于 25kN/m。

7.2.1.6 土工织物最低强度还应满足表7.2.1.6的要求。

表 7.2.1.6 土工织物最低强度(kN)

握持强度	刺破强度	梯形撕裂强度	CBR 顶破强度
≥1.2	≥0.5	≥0.3	≥2.5

7.2.1.7 土工合成材料与路堤填料接触的界面摩擦系数 f_{gs},可由式(7.2.1.7-1)、式(7.2.1.7-2)确定。对重要工程,当需要进一步校核 f_{gs} 时,应采用《公路工程土工合成材料试验规程》(JTG E50)规定的剪切试验方法由试验确定。

土工织物:
$$f_{gs}=0.667\tan\varphi_q \tag{7.2.1.7-1}$$

土工格栅:
$$f_{gs}=0.9\tan\varphi_q \tag{7.2.1.7-2}$$

式中:φ_q——对无黏性土取土体直接快剪内摩擦角,对黏性土取考虑黏聚力影响的综合内摩擦角。

7.2.1.8 土工合成材料应具有抗腐蚀性、抗老化性及较好的保护层等。

7.2.2 设计计算

7.2.2.1 土工合成材料的铺设层数、铺设方式、铺设范围,应通过对加筋路堤稳定性计算、平面滑动稳定性计算确定。

7.2.2.2 加筋路堤整体稳定性,可采用圆弧滑动法按式(7.2.2.2)进行计算,计算时应假设若干个穿越地基土的滑弧,以求得最小安全系数和相应的临界滑动面,如图7.2.2.2所示。

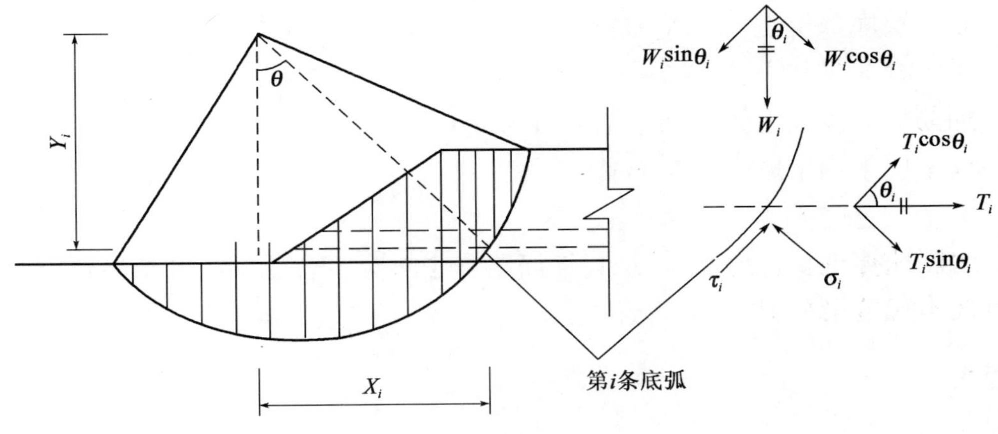

图7.2.2.2 圆弧滑动法稳定验算示意图

$$F_B = \frac{\sum_{i=1}^{n}(W_i\cos\theta_i\tan\varphi_{qi} + c_{qi}\Delta l_i)R_i + \sum_{i=1}^{m}(T_iY_i + T_i\tan\varphi_{qi}X_i)}{\sum_{i=1}^{n}(W_i\sin\theta_i)R_i} \qquad (7.2.2.2)$$

式中：F_B——整体稳定安全系数；

W_i——第 i 土条重(kN/m)；

c_{qi}、φ_{qi}——第 i 土条底土体黏聚力(kPa)和内摩擦角(°)，由直接快剪试验确定；

T_i——第 i 层土工合成材料设计抗拉强度(kN/m)；

X_i——第 i 土条中心距滑弧圆心的水平距离(m)；

Y_i——第 i 层土工合成材料距滑弧圆心的垂直高度(m)；

Δl_i——第 i 条滑弧的弧长(m)；

R_i——滑弧半径(m)；

θ_i——第 i 条滑弧的仰角(°)。

7.2.2.3 薄层软土抗滑稳定安全系数可采用水平滑动面法按式(7.2.2.3)计算。如图 7.2.2.3 所示。

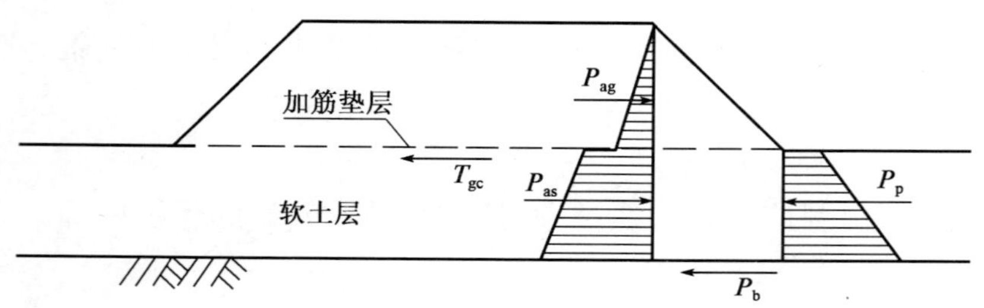

图 7.2.2.3 水平滑动稳定验算示意图

$$F_P = \frac{P_p + P_b + T_{gc}}{P_{ag} + P_{as}} \qquad (7.2.2.3)$$

式中：F_p——抗滑稳定安全系数；

P_p——被动土压力(kN/m)；

P_b——软土层底部抗滑力(kN/m)；

T_{gc}——土工合成材料设计抗拉强度(kN/m)；

P_{ag}——加筋垫层以上土体主动土压力(kN/m)；

P_{as}——软土层主动土压力(kN/m)。

7.2.2.4 水泥搅拌桩复合地基、桩承式加筋路堤中对土工合成材料的指标要求及路堤稳定性验算，可按本规范第 9、10 章节内容执行。

7.3 施工要求

7.3.1 土工合成材料不宜直接铺设在地面上，应进行现场清理，并在地表铺设 200 ~

400mm 砂砾垫层或其他透水性较好的均质土料后，再铺设土工合成材料。在距土工合成材料层 80mm 以内的路堤填料，其最大粒径不得大于 60mm。

7.3.2　加筋路堤采用多层土工合成材料时，层间距不宜小于单层填土最小压实厚度，且不得大于 600mm。

7.3.3　土工合成材料在铺设时，宜将强度高的方向置于垂直路堤轴线方向。用人工或张紧设备拉紧土工合成材料，使之不出现皱褶，并紧贴于填料上。铺后用销钉固定土工合成材料，以防止发生移动或松弛。

7.3.4　土工合成材料搭接宽度不得小于 300mm，采用专用塑料扣或小铁丝等固定；采用缝接时，缝接宽度不宜小于 100mm，缝接强度应不低于土工合成材料的抗拉强度。多层土工合成材料的上下层接缝应错开，错开长度应大于 500mm。土工合成材料需端部回折时，最小回折长度不宜小于 2.0m。

7.3.5　土工格室施工时应进行充分拉展，使格室中线与路线中线重合；纵横向的搭接必须紧密拼接固定，形成整体。铺设好后应及时回填填料，并严格控制填料粒径和级配；距边线 80 ~ 1 000mm 范围内的回填，应人工摊铺填实后，采用轻型压路机碾压，碾压时宜先从两侧碾压，然后再碾压中线部位，以保证格室不倾倒。

7.3.6　路堤填筑时，应采用后卸式货车沿土工合成材料两侧边缘倾卸填料，以形成运土的交通便道，并将土工合成材料张紧。填料不允许直接卸在土工合成材料上面；卸土堆载高度不宜大于 1m，以免造成局部承载能力不足。卸土后应立即摊铺，以免出现局部下陷。

7.3.7　填成施工通道后，再由两侧向中心平行于路堤中线对称填筑，宜保持填土施工面呈“U”形。第一层填料宜采用推土机或其他轻型压实机具进行压实；仅当已填筑压实的初始层厚度大于 600mm 后，才能采用重型压实机械压实。

7.3.8　施工设备作业方向与路堤中线平行，为了土工合成材料摊铺的平整性和完整性，在第一层填料上不得转弯、随意紧急制动等。若车辙深度大于 80mm，应选用小型设备进行施工。

7.3.9　土工合成材料的铺设施工温度应控制在 0 ~ 40℃，且铺设完毕至填筑覆盖的暴露时间不宜大于 36h。

7.4　质量检验

对加筋土工合成材料的检验，应满足设计文件所要求的设计指标，其检验项目和频率可按表 7.4 的规定执行。

表 7.4　土工合成材料检验项目

检验项目	单位面积质量	厚度	孔径	垂直渗透系数	水平渗透系数	条带拉伸	CBR顶破	刺破	落锥穿透	直接剪切摩擦	拉拔摩擦
检验选择	☆	△	☆	△	△	☆	☆	☆	△	☆	△
检验频率	1 次/10 000m^2									1 次/批	

注:1."☆"为必检项目,"△"为选检项目。

2. 试验频率亦可根据工程规模、所用数量,由设计单位或监理单位确定。

3. 表列中的"批",如每批大于 5 000m^2,则以 5 000m^2 为一批。

8 排水固结法

8.1 一般规定

8.1.1 适用范围

(1)适用于深度大于5m的软土,但灵敏度大于5的软土不宜采用;处理深度不宜超过30m。

(2)预压期少于8个月时不宜使用。

8.1.2 常用形式和选用原则

(1)按加载方式的不同,分为堆载预压、真空预压、真空联合堆载预压等;按加载与设计荷载的关系,分为欠载预压、等载预压、超载预压。为提高路堤的整体稳定性和垫层的排水性能,可在水平排水垫层中设置土工合成材料。

(2)构造物相邻路段宜采用超载预压,超载的高度宜为填高的20%~40%。

(3)填方较高且施工期无法满足预压期要求的堆载预压路段可采用真空联合堆载预压。

8.2 设计

8.2.1 排水固结法设计前应预先查明地基土层的类别、结构性特点、分布和透水层位置,并通过现场原位测试和室内试验提供设计所需的物理力学指标。

8.2.2 竖向排水体的选用原则如下:

(1)竖向排水体宜优先选用塑料排水板。塑料排水板芯板应采用聚乙烯或聚丙烯新料制成,不得采用再生塑料;其滤膜应采用高强度和良好渗透性及反滤性的热轧或热熔无纺布。塑料排水板应选用可测深式塑料排水板。

(2)采用真空预压处理时,宜选用150mm宽的大通水量塑料排水板。

(3)若当地粗砂料源丰富,宜采用袋装砂井或普通砂井。袋装砂井中的砂料应选用粗砂,其不均匀系数小于4,含泥量小于3%,渗透系数大于5×10^{-2}mm/s;砂袋应选用抗拉强度大于40kN/m的聚丙烯编织布,有效孔径$D_{95}<0.075$mm,砂袋中灌砂率应大于95%。

(4)塑料排水板应具有足够的抗拉强度和垂直排水能力,性能应满足设计要求。

8.2.3 竖向排水体的布置

8.2.3.1 排水体可按正方形或等边三角形两种形式布置,如图8.2.3.1所示。

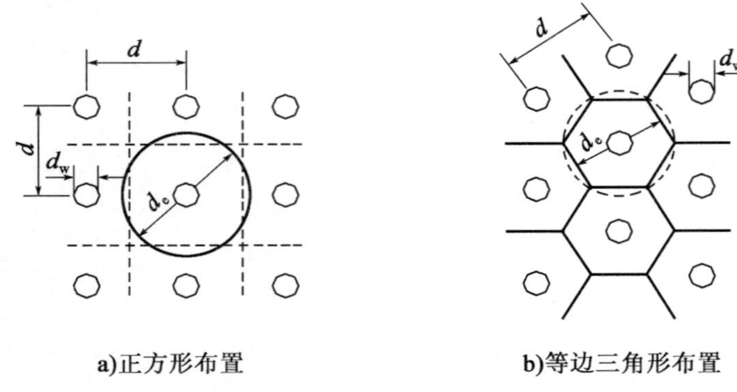

a)正方形布置　　b)等边三角形布置

图 8.2.3.1　排水体的布置形式

8.2.3.2　设计计算时,将排水体近似用直径为 d_e(有效排水直径)的圆柱体来代替,d_e 与排水体间距 d 的关系按式(8.2.3.2-1)、式(8.2.3.2-2)计算。

正方形布置　$d_e = 1.128d$　(8.2.3.2-1)

等边三角形布置　$d_e = 1.05d$　(8.2.3.2-2)

8.2.4　塑料排水板的等效直径 d_w 按式(8.2.4)计算。

$$d_w = \frac{2(b+\delta)}{\pi} \tag{8.2.4}$$

式中:b,δ——塑料排水板的宽度(cm)和厚度(cm)。

8.2.5　竖向排水体的设计间距应满足工程设计对固结度的要求,可结合工程经验按式(8.2.5)初步确定。塑料排水板的设计间距宜在1.0~2.0m内选用。

$$s = \left\{\frac{6.5C_h \cdot t_a}{\ln(s/d_w) \times \ln[0.8/(1-U_{rz})]}\right\}^{0.5} \tag{8.2.5}$$

式中:s——竖向排水体的布置间距(cm);

C_h——地基土的水平向固结系数(cm^2/s);

t_a——工程允许的固结时间(s);

U_{rz}——工程要求达到的固结度(%);

d_w——竖向排水体的等效直径(cm)。

8.2.6　竖向排水体的打设深度应根据工程允许工后沉降量通过计算确定。当软土层厚度小于20m时,宜打穿软土层;当下卧层有透水层且采用真空预压处理时,竖向排水体宜打设到距透水层顶部1.0m的软土中。

8.2.7　竖向排水体的固结度计算

8.2.7.1　排水固结法的总沉降和工后沉降的计算参见4.5.4节相关公式。

8.2.7.2　瞬时加载条件下竖向和径向共同引起的地基平均固结度可按式(8.2.7.2-1)

计算。

$$\overline{U}_{rz}=1-(1-\overline{U}_z)(1-\overline{U}_r) \tag{8.2.7.2-1}$$

式中：$\overline{U}_z$——竖向排水固结度（%）；

$\overline{U}_r$——径向排水固结度（%）。

当$\overline{U}_{rz}>30\%$时，可按式（8.2.7.2-2）计算：

$$\overline{U}_{rz}=1-\frac{8}{\pi^2}e^{-\beta\cdot t} \tag{8.2.7.2-2}$$

式中：β——固结指数。

8.2.7.3 竖向排水体的固结计算应考虑井阻作用和涂抹作用对固结度的影响，固结指数β可按式（8.2.7.3）计算。

$$\beta=\frac{\pi^2 C_V}{4H^2}+\frac{8C_h}{(F_n+J+\pi G)d_e^2} \tag{8.2.7.3}$$

$$F_n=\frac{n^2}{n^2-1}\ln n-\frac{3n^2-1}{4n^2}$$

式中：$n=\frac{d_e}{d_w}$，井径比；

d_w——竖向排水体等效直径（cm）；

d_e——有效排水直径（cm）；

C_h，C_V——径向和竖向固结系数（cm^2/s）；

J——涂抹因子；

G——井阻因子。

8.2.7.4 软土地基上路堤应分级填筑，分级加载时应对式（8.2.7.3）计算的地基平均固结度进行修正，常用的两种修正方法是改进的太沙基法和改进的高木俊介法。

8.2.7.5 当竖向排水体未打穿整个软土层时，整个压缩土层的平均固结度可按式（8.2.7.5）计算。

$$\overline{U}=\lambda\overline{U}_{rz}+(1-\lambda)\overline{U}'_z \tag{8.2.7.5}$$

$$\lambda=\frac{H_1}{H_1+H_2}$$

式中：$\overline{U}_{rz}$——竖向排水体打设深度范围内土层的平均固结度（%），可按式（8.2.7.2-1）计算；

$\overline{U}'_z$——竖向排水体以下压缩层范围土层的平均固结度（%）；

H_1——竖向排水体打设深度范围内的土层厚度（m）；

H_2——竖向排水体以下压缩层范围内土层厚度（m）。

8.2.8 采用排水固结法处理的路堤进行稳定性计算时，应考虑软土的抗剪强度因固结而增长以及高灵敏度软土的抗剪强度因扰动而降低等情况。计算方法一般采用瑞典圆弧滑动法中的有效固结应力法、改进总强度法，有条件时可采用简化 Bishop 法、Janbu 普通条分法。

8.2.9 真空联合堆载预压

8.2.9.1 真空联合堆载预压处理公路软基时,抽真空时间:对高速公路、一级公路应不小于6个月,联合预压时间不小于4个月;二级及以下公路,抽真空时间不小于4个月,联合预压时间不小于3个月。

8.2.9.2 真空联合堆载预压下地基沉降计算时,可将膜下真空度视为等效荷载,同时应考虑因抽真空对土体侧向收缩的影响,沉降综合修正系数 $m_s=0.9\sim1.2$。

8.2.9.3 当填土高度超过极限填筑高度时,应进行地基的稳定验算,分析时可采用真空力矩增加法,即在真空加固范围内的土条上增加一真空抗滑力矩,按式(8.2.9.3)计算。

$$M_{真空抗滑}=P_{vi}\cdot U_i\cdot\tan\varphi\cdot R \tag{8.2.9.3}$$

式中:P_{vi}——滑弧对应 i 土条底的真空负压力(kPa);

U_i——地基固结度(%);

φ——地基土的内摩擦角(°);

R——滑弧半径(m)。

8.3 施工要求

8.3.1 堆载预压的施工工艺应满足下列要求:

(1)铺设排水垫层厚度应均匀,表面平整;排水垫层应选用中、粗砂或砂砾,厚度一般不小于50cm,含泥量不应超过3%,渗透系数大于 5×10^{-2}cm/s。

(2)施工时应注意做好临时排水系统,保证排水畅通。

(3)在天然地基的极限填筑高度以下,可快速分层填筑。

(4)填土高度大于极限填筑高度后,应结合动态监测,严格控制填筑速率。

8.3.2 真空联合堆载预压的施工工艺应满足下列要求:

(1)在砂垫层中沿水平方向设置滤水管,在预压过程中滤水管应能适应地基变形。

(2)密封膜宜采用2~3层聚乙烯或聚氯乙烯薄膜,单层密封膜的技术要求应满足表8.3.2的要求,密封膜周边应开挖压膜沟,压膜沟深度应不小于不透水层、不透气层顶面以下0.5m。

表8.3.2 密封膜技术指标

最小抗拉强度(MPa)		最小断裂延伸率(%)	最小直角撕裂强度(kN/m)	厚度(mm)
纵向	横向			
18.5	16.5	220	40	0.12~0.16

(3)当加固区周边或表层土有透水层或透气层时,应采用黏土密封墙将其封闭。

(4)安装抽真空设备,连接抽气管道,真空泵的设置应根据预压区大小、真空泵的功率及工程经验确定,可按照900~1 100m²/台泵布置。

(5)在加固区范围内抽真空,当膜内真空度保持在85kPa以上,5~10天后开始填筑堆载，进行真空堆载联合预压。

(6)膜内真空度应保持在85kPa以上，当固结度大于70%后，可逐步均匀减少抽真空设备，但停泵数不得大于总泵数的1/3。

(7)密封膜上应覆盖土工布，以保护密封膜。

8.4　质量检验

8.4.1　塑料排水板的滤膜表面应有生产厂家的企业标志和产品编码，标识间距可为0.2~0.5m，不得大于1m。

8.4.2　同批次生产的塑料排水板，每20万m检测一次。小于20万m的按20万m计；不同批次生产的塑料排水板应分批次检测，同批次生产分批运输的也应分批次检测。塑料排水板的外观质量和性能指标应满足设计要求。

8.4.3　塑料排水板打设深度的检测应由施工单位自检、监理单位抽检，有条件时委托具有相关资质的第三方检测单位抽检，检测频率和检验标准应符合相关规范的要求。

9 水泥搅拌桩

9.1 一般规定

9.1.1 适用范围

(1)适用于十字板抗剪强度不小于10kPa的软土地基;当有机质含量大于5%、塑性指数大于25或地下水具有腐蚀性时,必须通过现场试验确定其适用性。

(2)可用于路基填土高度不大于6m的路段。

(3)处理深度不宜超过10m。

9.1.2 常用形式及选用原则

(1)水泥搅拌桩分为粉体喷射搅拌桩(简称粉喷桩)和浆液喷射搅拌桩(简称浆喷桩)两种。

(2)常规浆喷桩采用单向搅拌工艺。为提高搅拌效果,有条件时宜选用双向搅拌工艺。

9.2 设计

9.2.1 材料要求

(1)固化剂宜选用强度等级在42.5级及以上的普通硅酸盐水泥。

(2)外加剂种类和掺量应根据不同土质条件和工程要求通过试验确定。外加剂种类主要有木质素磺酸钙、石膏、三乙醇胺等。

9.2.2 应用水泥搅拌桩前应进行室内配合比试验,选择合适的固化剂、外掺剂及其掺量,提供不同龄期、配合比的强度参数。

9.2.3 水泥掺入比以10%~20%为宜,浆喷桩的水泥浆水灰比可选用0.4~0.5。水泥掺入量与土样天然含水率的对应关系可参考表9.2.3。

表9.2.3 水泥掺入量与土样天然含水率对应关系参考值

天然含水率(%)	水泥掺入量(kg/m)
≤50	40~55
50~70	50~65
≥70	60~70

注:本表适用于桩径500mm的水泥搅拌桩。

9.2.4 桩体布置应符合以下要求：

(1)水泥搅拌桩直径、深度及间距应经稳定验算确定并满足工后沉降的要求。

(2)桩径不宜小于0.5m。

(3)桩的深度宜穿透软土层到达承载力相对较高的土层(静力触探锥尖阻力不宜小于800kPa)；提高抗滑稳定性而设置的搅拌桩，其桩长应超过危险滑弧面以下不小于2m。

(4)桩在平面上可按等边三角形或正方形布置，相邻桩的净距不应大于4倍桩径。

9.2.5 桩体抗压强度宜按90d龄期无侧限抗压强度进行设计。现场检测可在成桩28d后进行，其无侧限抗压强度平均值不应小于0.6MPa。

9.2.6 水平加筋垫层应符合以下要求：

(1)水泥搅拌桩复合地基应在路基和桩之间设置水平加筋垫层，其厚度宜为300～500mm。

(2)垫层材料可选用级配碎石、砂砾或含泥量不大于10%的宕渣，垫层材料最大粒径不宜大于100mm。

(3)水平加筋体材料可选用钢塑土工格栅或整体式钢丝土工格栅，应满足延伸率≤5%时抗拉强度≥80kN/m的要求。

9.2.7 设计计算

9.2.7.1 路堤整体稳定性验算可采用圆弧滑动法，滑动面上的复合地基抗剪强度τ_{ps}按式(9.2.7.1-1)计算。

$$\tau_{ps} = m\tau_p + (1 - m)\tau_s \tag{9.2.7.1-1}$$

$$m = \frac{D^2}{d_e^2} \tag{9.2.7.1-2}$$

式中：τ_p——桩体的抗剪强度(kPa)，可钻取试验路段水泥土90d原状试件测无侧限抗压强度，按其一半计算；也可按设计配合比由室内制备的水泥土试件(直径5cm、高度10cm的圆柱体)测得的无侧限抗压强度乘以0.3的折减系数求得；

τ_s——地基土的抗剪强度(kPa)；

m——复合地基置换率；

D——桩身平均直径(m)；

d_e——根桩分担的处理地基面积的等效圆直径(m)，按式(9.2.7.1-3)～式(9.2.7.1-5)确定；

等边三角形布桩 $$d_e = 1.05d_1 \tag{9.2.7.1-3}$$

正方形布桩 $$d_e = 1.128d_1 \tag{9.2.7.1-4}$$

矩形布桩 $$d_e = 1.128\sqrt{d_2 d_3} \tag{9.2.7.1-5}$$

式中：d_1、d_2、d_3——分别为桩间距(m)、矩形布桩时的纵向间距(m)和横向间距(m)。

9.2.7.2 水泥搅拌桩复合地基的沉降量按加固区沉降量S_1和下卧层沉降量S_2两部分计算。

9.2.7.3 加固区沉降量 S_1 采用复合压缩模量法,按式(9.2.7.3-1)、式(9.2.7.3-2)计算。

$$S_1 = \frac{(p + p_b)h}{2E_{ps}} \tag{9.2.7.3-1}$$

$$E_{ps} = mE_p + (1 - m)E_s \tag{9.2.7.3-2}$$

式中:p——加固区顶面附加应力值(kPa);

p_b——加固区底面附加应力值(kPa);

E_{ps}——加固区复合压缩模量(MPa);

E_p——桩体压缩模量(MPa);

E_s——加固区桩间土压缩模量(MPa);

h——加固区厚度(m);

m——复合地基置换率。

9.2.7.4 下卧层沉降量 S_2 可按《建筑地基基础设计规范》(GB 50007)中相关规定进行计算,p_b 可采用等效实体法按式(9.2.7.4)确定,计算简图如图9.2.7.4所示。

$$p_b = \frac{BLp - (2B + 2L)hf}{BL} \tag{9.2.7.4}$$

式中:f——桩侧摩阻力(kPa),可取桩土极限摩阻力的一半;

B、L——加固区范围内路堤荷载作用的等效宽度(m)和长度(m);

h——加固区厚度(m);

p——加固区顶面附加应力值(kPa)。

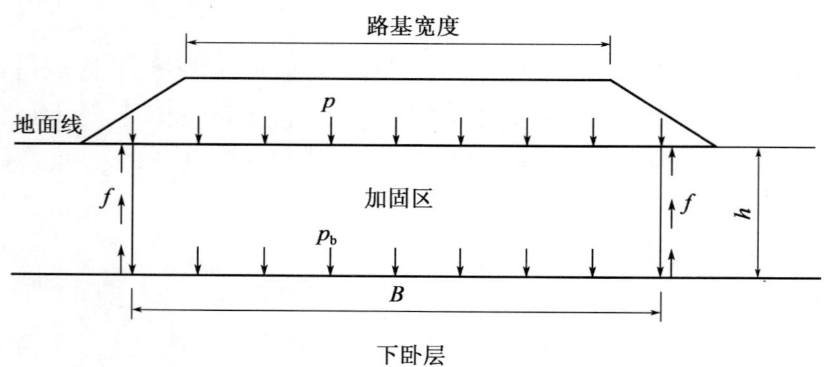

图9.2.7.4 等效实体法计算简图

9.2.7.5 单桩竖向承载力特征值按式(9.2.7.5-1)、式(9.2.7.5-2)计算,并取其中较小值。

$$R_a = U_p \sum q_{si} l_i + \alpha q_p A_p \tag{9.2.7.5-1}$$

$$R_a = \eta f_{cu} A_p \tag{9.2.7.5-2}$$

式中:R_a——单桩竖向承载力特征值(kN);

U_p——桩的周长(m);

q_{si}——桩周第 i 层土的侧摩阻力特征值(kPa);对淤泥可取4~7kPa;对淤泥质土可取6~12kPa;对软塑状态的黏性土可取10~15kPa;对可塑状态的黏性土可取12~18kPa;

l_i——桩长范围内第 i 层土的厚度(m);

q_p——桩端地基土未经修正的承载力特征值(kPa),可按现行国家标准《建筑地基基础设计规范》(GB 50007)的有关规定确定;

α——桩端天然地基土的承载力折减系数,可取0.4~0.6,承载力高时取低值;

f_{cu}——与搅拌桩桩身水泥土配比相同的室内加固土试块(直径5cm、高度10cm的圆柱体)在标准养护条件下90d龄期的立方体抗压强度平均值(kPa);

η——桩身强度折减系数,粉喷桩可取0.2~0.3,浆喷桩可取0.25~0.33;

A_p——桩的截面面积(m^2)。

9.2.7.6 水泥搅拌桩复合地基承载力特征值按式(9.2.7.6)计算。

$$f_{spk} = m\frac{R_a}{A_p} + \beta(1 - m)f_{sk} \tag{9.2.7.6}$$

式中:f_{spk}——复合地基承载力特征值(kPa);

β——桩间土承载力折减系数;当桩端未经修正的承载力特征值大于桩周土的承载力特征值的平均值时,可取0.1~0.4,差值大时取低值;当桩端未修正的承载力特征值小于或等于桩周土的承载力特征值的平均值时,可取0.5~0.9,差值大时或设置垫层时均取高值;

f_{sk}——桩间土承载力特征值(kPa),可取天然地基承载力特征值;

R_a——单桩竖向承载力特征值(kN);

A_p——桩的截面面积(m^2);

m——复合地基置换率。

9.3 施工要求

9.3.1 在靠近城区及村镇等环保要求较高路段时应采取必要的环保措施。

9.3.2 水泥搅拌桩施工前必须进行工艺性成桩试验,试验桩数不少于5根,并取得以下技术参数和技术要求:

(1)满足设计掺入量的各种技术参数,如钻进速度、提升速度、搅拌速度、喷浆(粉)压力、单位时间掺入量等。

(2)根据下钻和提升的阻力情况,选择保证水泥浆液(粉)灌入量的合理技术措施。

(3)检验室内试验所确定的配合比、水灰比是否便于施工,是否需要添加外加剂等。

9.3.3 为保证搅拌桩的质量,要求全桩长进行复搅。

9.4 质量检验

水泥搅拌桩的质量控制应贯穿于施工全过程,并应坚持全程的施工监理。施工过程中必须随时检查施工记录和计量记录,并对照规定的施工工艺对每根桩进行质量评定。水泥搅拌桩的质量检验标准应满足表9.4的规定。

表9.4 水泥搅拌桩的施工质量检验项目

项 次	检 查 项 目	规定值或允许偏差	检查方法及频率
1	桩径	不小于设计值	用钢尺量,总桩数3%,并不得少于3根
2	桩距(mm)	±100	用钢尺量,总桩数3%,并不得少于3根
3	垂直度(%)	≤1.5	用经纬仪测量,总桩数3%,并不得少于3根
4	桩长(mm)	不小于设计值	喷浆(粉)前测钻杆长度,成桩28d后钻孔取芯,总桩数3%,并不得少于3根
5	单桩每延米喷浆(粉)量(%)	不小于设计值	查施工记录
6	桩体无侧限抗压强度	不小于设计值	成桩28d后钻孔取芯,在桩体三等分段各取芯样一个,总桩数3%,并不得少于3根
7	单桩或复合地基承载力	不小于设计值	静载试验,总桩数0.2%,并不得少于3根

10 桩承式加筋路堤

10.1 一般规定

10.1.1 适用范围

(1)桥头、通道等构造物与路堤的衔接部位。
(2)路堤拓宽路段。
(3)稳定性难以满足要求的高填方路堤。
(4)设置挡墙的软基路段。

10.1.2 适用条件

(1)桩端下卧持力层的静力触探锥尖阻力不应小于1 000kPa。
(2)填土高度应大于3m。
(3)预应力管桩处理深度宜大于10m,灌注桩处理深度宜大于5m。

10.1.3 常用桩型及选用原则

(1)常用桩型有预应力管桩、钢筋混凝土预制方桩、钻孔灌注桩、现浇混凝土薄壁筒桩、圆形或异形沉管灌注桩等。

(2)应根据路堤高度、桩端持力层土类、施工设备、施工环境、制桩材料供应条件等,选择经济合理、安全适用的桩型和成桩工艺;宜采用强度较高,易于保证施工质量的不挤土或少挤土桩型。

(3)桩的直径(或方桩尺寸)可根据地基土质情况、成桩设备、常规尺寸等因素确定,对小直径桩和低强度等级混凝土桩应进行桩身强度验算。

10.2 设计

10.2.1 材料要求

10.2.1.1 垫层材料宜采用级配良好的砂砾、碎石、中粗砂、含泥量不大于10%的宕渣等散粒状材料,也可采用具有一定整体刚度的掺灰土等。

10.2.1.2 水平加筋体材料应满足以下要求:
(1)水平加筋体要求抗拉强度高、延伸率小、耐久性好、抗老化和抗腐蚀较好。
(2)高速公路目前常用的加筋体材料有钢塑土工格栅、整体式钢丝土工格栅。

(3)延伸率5%(当加筋体材料的极限延伸率小于5%时,以极限延伸率计)对应的抗拉强度应大于80kN/m,抗拉模量应大于1 000kN/m。

10.2.1.3 宜采用C30混凝土、现场浇筑的圆形或方形桩帽。

10.2.1.4 预制桩尖材料宜采用C30混凝土,桩尖形状及尺寸根据桩型确定。预应力管桩宜采用闭口桩尖。

10.2.2 桩长确定原则

(1)桩长应穿透软土层;对于巨厚软土层(大于30m),桩长未穿透软土层时,应满足达到最危险滑弧面以下3m的深度,并应验算软弱下卧层的承载力。

(2)桩端进入持力层的深度,对黏性土、粉土不小于2倍桩径;砂性土不小于1.5倍桩径;碎石类土,不小于1倍桩径。若持力层以下有软弱土层,该持力层的最小厚度不应小于10倍桩径。

(3)桩长的具体取值还应满足路堤沉降及稳定性要求。

10.2.3 桩的平面布置宜采用正方形或正三角形布置。桩的平面布置中心距可取4~8倍桩径,路堤高时取低值,并应满足路堤沉降及稳定性要求。

10.2.4 构造物与路基相邻路段可设置桩间距、桩长渐变或其他变形协调方式的过渡段。

10.2.5 初拟桩帽边长B(方形)时,可按式(10.2.5)估算。圆形桩帽可按面积相等的原则等效为方形桩帽。桩帽边长的具体取值应根据工程条件、荷载大小等因素进一步调整确定。

$$B = (0.4 \sim 0.5)S_a \tag{10.2.5}$$

式中:S_a——桩的中心间距(m)。

10.2.6 钢筋混凝土桩帽的厚度t_p可按式(10.2.6)估算。

$$t_p = (0.5 \sim 0.6)(B - D_p) \tag{10.2.6}$$

式中:D_p——桩径(m);

B——方形桩帽的边长或圆形桩帽的等效边长(m)。

10.2.7 桩与桩间土因刚度差异而在路堤中形成土拱效应,桩帽上部承担的荷载按式(10.2.7)计算。

$$Q_u = \eta(\gamma_1 H + q_c)S_a^2 \tag{10.2.7}$$

式中:Q_u——桩帽上部承担的荷载(kN);

η——桩体荷载分担比系数,按附录F查表求得;

q_c——路堤顶面超载(kPa);

γ_1——路堤填料重度(kN/m^3);

H——路堤填筑高度(m)；
S_a——桩的中心间距(m)。

10.2.8 桩帽的平面尺寸和厚度初步确定后，应根据《混凝土结构设计规范》(GB 50010)对其进行强度验算及配筋设计。桩帽与桩连接部位的最大弯矩值 M_{max}，可按式(10.2.8-1)计算。

$$M_{max} = \frac{\xi pB(B - D_p)^2}{8} \tag{10.2.8-1}$$

式中：ξ——修正系数，取值为 2.7 ~ 3.8，当桩帽尺寸较大($B/D_p = 4$)时取低值，桩帽尺寸较小($B/D_p = 2$)时取高值，中间值可采用线性插值计算；
D_p——桩径(m)；
B——方形桩帽的边长或圆形桩帽的等效边长(m)；
p——桩帽上的等效平均应力(kPa)，可按式(10.2.8-2)计算。

$$p = \frac{Q_u}{B^2} \tag{10.2.8-2}$$

式中：Q_u——桩帽上部承担的荷载(kN)。

10.2.9 水平加筋垫层的厚度 t 宜为 300 ~ 800mm，初拟厚度可按式(10.2.9)估算；若软土指标较差时，可适当加厚。

$$t = (0.2 \sim 0.25)S_a \tag{10.2.9}$$

式中：S_a——桩的中心间距(m)。

10.2.10 加筋体抗拉强度的验算

10.2.10.1 加筋体的拉力 T_{gc} 可按式(10.2.10.1-1)计算。

$$T_{gc} = T_{rp} + T_{ds} \tag{10.2.10.1-1}$$

$$T_{rp} = \frac{Q_s(S_a - B)}{2B}\sqrt{1 + \frac{1}{6\varepsilon}} \tag{10.2.10.1-2}$$

$$T_{ds} = 0.5K_a\gamma_1 H^2 \tag{10.2.10.1-3}$$

式中：T_{rp}——桩土之间差异沉降产生的拉力(kN/m)；
T_{ds}——路堤侧向变形在水平加筋体内产生的拉力(kN/m)；
S_a——桩的中心间距(m)；
B——方形桩帽的边长或圆形桩帽的等效边长(m)；
ε——水平加筋体的延伸率，可取 5%；
K_a——主动土压力系数，$K_a = \tan^2(45° \sim \varphi'/2)$；
φ'——路堤填料的内摩擦角(°)；
γ_1——路堤填料的重度(kN/m^3)；
H——路堤填筑高度(m)；

Q_s——桩帽间单位长度土体承担荷载的平均值(kN/m),按式(10.2.10.1-4)计算。

$$Q_s = (1 - \eta)(\gamma_1 H + q_c)S_a \tag{10.2.10.1-4}$$

式中:η——桩体荷载分担比系数,按附录F查表求得;

q_c——路堤顶面超载(kPa);

γ_1——路堤填料重度(kN/m³);

H——路堤填筑高度(m);

S_a——桩的中心间距(m)。

10.2.10.2 加筋体的拉力 T_{gc} 应满足式(10.2.10.2)的要求。

$$T_{gc} \leqslant T_s/\lambda_c \tag{10.2.10.2}$$

式中:T_s——土工合成材料的抗拉强度(kN),按延伸率5%时确定;

λ_c——考虑实际施工损伤、材料耐久性等情况的折减系数,可取2.0~3.0。

10.2.11 预应力管桩、钢筋混凝土预制方桩、圆形或异形沉管灌注桩以及桩端持力层为黏性土、粉土或强度较低的土层时应保证不小于3个月的预压期。

10.2.12 桩承式加筋路堤的沉降计算

10.2.12.1 桩承式加筋路堤的变形由桩顶沉降 s 控制,桩顶总沉降 s 由桩身压缩量 s_1、桩端平面以下沉降量 s_2 和桩端刺入量 Δs 三部分组成,按式(10.2.12.1-1)或式(10.2.12.1-2)计算确定。

$$s = s_1 + \psi_1 s_2 + \Delta s \tag{10.2.12.1-1}$$

式中:ψ_1——沉降计算经验系数,无当地经验时,可取1.0。

$$s = \psi_2(s_1 + s_2) \tag{10.2.12.1-2}$$

式中:ψ_2——考虑桩端刺入变形的沉降计算经验系数,可取1.1~1.4。

10.2.12.2 桩身压缩量 s_1 按式(10.2.12.2)计算确定。

$$s_1 = \sum_{i=1}^{n} \frac{Q_{pi}}{A_p E_p} \Delta h_i \tag{10.2.12.2}$$

式中:Q_{pi}——第 i 段的桩身轴力(kN);

n——桩身分段总数;

A_p——桩身截面面积;

E_p——桩体弹性模量;

Δh_i——桩身第 i 分段的高度。

当采用预应力管桩时,s_1 可取5~15mm。

10.2.12.3 桩端平面以下的沉降量 s_2 采用分层总和法,按式(10.2.12.3-1)计算确定。

$$s_2 = \sum_{i=1}^{m} \frac{\sigma_{z,i} \Delta z_i}{E_{s,i}} \tag{10.2.12.3-1}$$

式中：Δz_i——桩端平面以下第 i 土层的厚度(m)；

$E_{s,i}$——桩端平面以下第 i 土层在自重应力至自重应力加附加应力作用段的压缩模量(MPa)；

$\sigma_{z,i}$——桩端平面以下第 i 土层的竖向附加应力，按式(10.2.12.3-2)计算。

$$\sigma_{z,i} = \sigma_{pz,i} + \sigma_{sz,i} \tag{10.2.12.3-2}$$

$$\sigma_{pz,i} = \sum_{j=1}^{m} \frac{Q_u}{l_j^2}[\alpha_j I_{p,ij} + (1 - \alpha_j) I_{s,ij}] \tag{10.2.12.3-3}$$

$$\sigma_{sz,i} = \sum_{i=1}^{n} \alpha_i (1 - \eta)(\gamma_1 H + q_c) \tag{10.2.12.3-4}$$

式中：$\sigma_{pz,i}$——桩端平面以下地基中由基桩引起的附加应力(kPa)，按《建筑桩基技术规范》(JGJ 94)考虑桩径影响的明德林解计算确定；

$\sigma_{sz,i}$——桩帽间土体的平均压力在桩端平面以下引起的附加应力(kPa)，按布辛奈斯克解计算；

l_j——第 j 桩桩长(m)；

α_j——第 j 桩总桩端阻力与桩顶荷载之比；

$I_{p,ij}$,$I_{s,ij}$——第 j 桩的桩端阻力和桩侧阻力对计算轴线第 i 计算土层 1/2 厚度处的应力影响系数；

α_i——计算轴线第 i 计算土层 1/2 厚度处的附加应力系数；

Q_u——桩帽上部承担的荷载(kN)；

η——桩体荷载分担比系数，按附录 F 查表求得；

q_c——路堤顶面超载(kPa)；

γ_1——路堤填料重度(kN/m^3)；

H——路堤填筑高度(m)。

10.2.12.4 最终沉降计算深度 Z_n，可按应力比法确定，即 Z_n 处总的附加应力 $\sigma_{z,i}$与土的自重应力 σ_c 应满足式(10.2.12.4)的要求。

$$\sigma_{pz,i} + \sigma_{sz,i} \leqslant 0.15\sigma_c \tag{10.2.12.4}$$

10.2.13 单桩承载力验算

10.2.13.1 当采用单桩静载荷试验时，单桩承载力按式(10.2.13.1-1)验算。

$$\frac{R_u - Q_g^n}{Q_u} \geqslant F_{ub} \tag{10.2.13.1-1}$$

$$Q_g^n = u \sum q_{si}^n l_i^n \tag{10.2.13.1-2}$$

$$q_{si}^n = c_i + k_i \tan\varphi_i' \sigma_i' \tag{10.2.13.1-3}$$

$$\sigma_i' = \sigma_{zi} + \gamma_i' z_i \tag{10.2.13.1-4}$$

式中：R_u——采用静载荷试验确定的单桩极限承载力(kN)；

Q_u——桩帽上部承担的荷载(kN)；

F_{ub}——承载力设计安全系数，取 1.1～1.3；

Q_g^n——桩中性点以上的负摩阻力产生的下拉荷载(kN);

u——桩的周长(m);

q_{si}^n——中性点以上第 i 个分层负摩阻力的标准值(kPa);

c_i、φ'_i——第 i 个分层黏聚力(kPa)和有效内摩擦角(°);

k_i——第 i 个分层侧压力系数;

l_i^n——中性点以上的分层厚度(m);

σ'_i、σ_{zi}——第 i 个分层有效应力(kPa)和附加应力(kPa);

γ'_i——第 i 个分层有效重度(kN/m³);

z_i——自地表起算的第 i 个分层中点深度(m)。

10.2.13.2 根据土体的物理指标确定单桩承载力时,单桩承载力按式(10.2.13.2-2)验算。

$$\frac{R_u}{Q_u} \geqslant F_{ub} \tag{10.2.13.2-1}$$

$$R_u = Q_{sk} + Q_{pk} = u\sum q_{ski}l_i + q_{pk}(A_j + \lambda_p A_{p1}) \tag{10.2.13.2-2}$$

式中:l_i——中性点以下的分层厚度(m);

q_{ski}——桩侧阻力标准值(kPa);

q_{pk}——极限端阻力标准值(kPa);

A_j——空心桩桩端净面积(m²);管桩:$A_j = \frac{\pi}{4}(d^2 - d_1^2)$;空心方桩:$A_j = b^2 - \frac{\pi}{4}d_1^2$;

A_{p1}——空心桩敞口面积(m²):$A_{p1} = \frac{\pi}{4}d_1^2$;

λ_p——桩端土塞效应系数:

当 $h_b/d<5$ 时,$\lambda_p = 0.16h_b/d$;

当 $h_b/d \geqslant 5$ 时,$\lambda_p = 0.8$;

h_b——桩端进入持力层深度(m);

d、b——分别为管桩外径与空心方桩边长(m);

d_1——空心桩内径(m),对闭口桩为0。

10.2.13.3 中性点深度 l_n 应按桩周土层沉降与桩沉降相等的条件计算确定,也可按表10.2.13.3 确定。

表10.2.13.3 中性点深度 l_n

持力层性质	黏性土、粉土	中密以上砂	砾石、卵石	基岩
中性点深度比 l_n/l_0	0.5~0.6	0.7~0.8	0.9	1.0

注:1. l_n、l_0 分别为自桩顶算起的中性点深度和桩周软弱土层下限深度。

2. 当桩周土层计算沉降量小于20mm时,l_n 应按表列值乘以0.4~0.8折减。

10.2.14 桩承式加筋路堤整体稳定性采用圆弧滑动面法验算时,桩体抗剪强度取28d无侧限抗压强度的1/2。

10.3 施工要求

10.3.1 大面积施工前,应进行成桩施工工艺试验,各典型路段不得少于3根,基桩施工28天后,采用静载荷试验确定单桩承载力极限值。

10.3.2 施工场地清理整平后,先铺设一层厚度为桩帽高度的垫层,再进行桩的打设;浇筑桩帽前先挖除相应体积的垫层,再进行桩帽的浇筑;第一层水平加筋体铺设在桩帽顶面。

10.3.3 桩的打设次序:横向从路基中心线向两侧的方向推进;纵向从构造物部位向路堤的方向推进。

10.3.4 桩端应设在持力层中,打设时应注意持力层顶面高程的变化以及施工场地填土厚度的影响,及时调整桩长。

10.3.5 准确定位后应采取可靠的施工工艺,确保桩体质量。防止因振动、挤土等作用导致桩体倾斜、折断、桩体上浮、侧向位移和地面隆起等。

10.4 质量检验

桩承式加筋路堤的施工质量检验应按表10.4进行。

表10.4 桩承式加筋路堤的施工质量检验项目

项 次	检 查 项 目	规定值或允许偏差	检查方法及频率
1	桩距(mm)	±50	抽查桩数5%
2	竖直度(%)	≤1	用经纬仪检查,抽查桩数5%
3	桩径(mm)	不小于设计值	抽查桩数5%
4	桩长(m)	不小于设计值	吊绳量测,成桩数5%
5	桩帽尺寸(mm)	不小于设计值	钢尺量测抽查,成桩数5%
6	预制桩尖尺寸(mm)	不小于设计值	钢尺量测抽查,成桩数5%
7	28d单桩承载力	不小于设计值	静载荷试验,成桩数0.2%,并不得少于3根
8	桩身完整性	无明显缺陷	低应变测试抽查,成桩数5%

11 塑料套管混凝土桩

11.1 一般规定

11.1.1 主要适用范围同桩承式加筋路堤。

11.1.2 适用条件如下:

(1)桩端下卧持力层的静力触探锥尖阻力不应小于 1 000kPa,下卧层倾斜坡度不大于20% 。

(2)长细比不超过100,填土高度不宜大于6m。

11.1.3 塑料套管混凝土桩由预制桩尖、塑料套管、套管内混凝土和桩帽四部分组成,如图 11.1.3-1 所示。塑料套管混凝土桩与垫层、土工合成材料构成桩承式加筋路堤,如图 11.1.3-2所示。

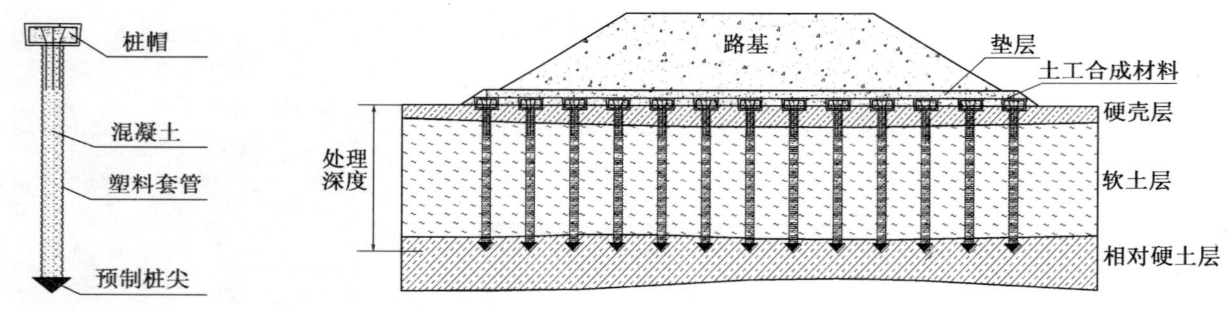

图 11.1.3-1 塑料套管混凝土桩的组成

图 11.1.3-2 塑料套管混凝土桩加筋路堤

11.2 设计

11.2.1 材料要求

11.2.1.1 应根据不同深度选用塑料套管的壁厚、环刚度。塑料套管打设过程中应不挤破,混凝土浇筑前不损坏,混凝土浇筑前径向最大相对变形值应小于20mm。

11.2.1.2 桩身混凝土强度等级不宜低于 C25。集料最大粒径不应大于25mm,混凝土坍落度为180~220mm。试桩时应根据强度和坍落度要求确定施工配合比。

11.2.1.3 宜采用 C30 钢筋混凝土预制桩尖，并预先设置连接固定塑料套管的塑料接头。

11.2.1.4 宜采用现场浇筑的圆形或方形桩帽，混凝土强度与桩身一致。

11.2.2 桩体直径可采用 100～250mm，常用规格有 160mm、200mm 和 250mm。

11.2.3 桩的平面可选用正三角形或正方形布置，布置间距应根据变形及承载力要求计算确定。

11.2.4 桩顶应设置土工合成材料加筋垫层，垫层厚度宜取 300～800mm。

11.2.5 桩端进入硬土层或持力层的深度不宜小于 50cm。

11.2.6 单桩竖向承载力设计值可按式（11.2.6-1）、式（11.2.6-3）计算 R_{u1}、R_{u2}，并取较小值。

（1）R_{u1} 可根据土体的物理指标与承载力参数之间的经验关系，按式（11.2.6-1）、式（11.2.6-2）估算。

$$R_{u1} = \frac{R_u}{K} \tag{11.2.6-1}$$

$$R_u = u\sum q_{sik} l_i + q_{pk} A_p \tag{11.2.6-2}$$

式中：R_u——单桩竖向极限承载力（kN），有条件时可按现场承载力试验确定；

K——安全系数，取 1.1～1.3；

q_{sik}——桩侧第 i 层土的极限侧阻力（kPa）；

q_{pk}——极限端阻力（kPa）；

l_i——桩侧第 i 层土厚度（m）；

u——桩的周长（m）；

A_p——预制桩尖截面面积（m^2）。

（2）压曲临界荷载 R_{u2} 按式（11.2.6-2）、式（11.2.6-3）计算。

$$R_{u2} = \varphi N \tag{11.2.6-3}$$

$$N = \psi_c f_c A_p \tag{11.2.6-4}$$

式中：φ——稳定系数，可按《建筑桩基技术规范》（JGJ 94）表 5.8.4-2 取值；

N——桩顶轴向压力设计值（kN）；

ψ_c——基桩成桩工艺系数，无地区经验时可取 0.85；

f_c——混凝土轴心抗压强度设计值（kN/m^2）；

A_p——预制桩尖截面面积（m^2）。

11.2.7 桩帽与桩身的连接钢筋进入桩身长度不应小于 3.0m。

11.2.8 塑料套管混凝土桩的沉降计算与稳定验算,可按本规范10.2.12~10.2.14节中相应内容计算。

11.3 施工要求

11.3.1 根据设计参数和试桩成果选取施工机械,可采用静压设备或静压辅助振动沉管桩机。

11.3.2 施工要点如下:

(1)打设桩时,横向宜以路基中心线向两侧的方向推进,纵向宜以构造物部位向路堤的方向推进。

(2)打设时应注意实际持力层顶面高程的变化,发现与设计不符时应及时调整桩长。

(3)打设塑料套管和浇筑混凝土应间隔进行,避免挤土效应影响混凝土的浇筑质量,混凝土浇筑场地距塑料套管打设场地的距离不宜小于20m。

(4)塑料套管与桩尖应预先连接,从沉管底部送入后再进行打设。

(5)桩体应采用细石混凝土浇筑,浇注过程中采用小型加长振捣棒振捣,确保其均匀、密实。

11.4 质量检验

塑料套管混凝土桩的施工质量检验项目见表11.4。

表11.4 塑料套管混凝土桩的检验项目

项 次	检 查 项 目	规定值或允许偏差	检查方法及频率
1	桩距(mm)	±50	抽查桩数5%
2	竖直度(%)	≤1	抽查桩数5%
3	桩径(mm)	不小于设计值	抽查桩数5%
4	桩长(m)	不小于设计值 或贯入度控制值	测绳量测抽查,成桩数5%
5	桩帽尺寸(mm)	不小于设计值	钢尺量测抽查,成桩数5%
6	预制桩尖尺寸(mm)	不小于设计值	钢尺量测抽查,成桩数5%
7	混凝土28d强度	不小于设计值	浇注混凝土过程中试块留样,每段落不少于3组
8	28d单桩承载力	不小于设计值	静载荷试验,成桩数0.2%,每段落不小于3根
9	桩身完整性	无明显缺陷	低应变测试抽查,成桩数5%

12　轻质路堤

12.1　一般规定

12.1.1　适用范围

(1)软土地基构造物与路基相邻路段;
(2)不同软基处理方式的过渡段;
(3)滑动后的快速修复路堤;
(4)软土地基拓宽路堤;
(5)工期较紧的特殊路段。

12.1.2　常用形式及选用原则

(1)按轻质材料的不同分为泡沫混凝土轻质路堤、EPS 块体轻质路堤、EPS 颗粒混合土轻质路堤、粉煤灰轻质路堤等。

(2)应根据工程设计要求,以及因地制宜、就地取材的原则,进行轻质材料的选择。

12.2　泡沫混凝土轻质路堤

12.2.1　设计

12.2.1.1　材料要求

(1)水泥的强度等级应为 42.5 级及以上。
(2)发泡剂应无明显沉淀物,对环境无不利影响,宜采用表面活性类发泡剂。
(3)施工用水应符合《混凝土用水标准》(JGJ 63)的要求。

12.2.1.2　设计的主要内容

(1)泡沫混凝土的形状设计,包括路堤宽度、高度,泡沫混凝土与常规填土路堤间的衔接坡比、路堤顶面纵横坡调节台阶等。

(2)确定设计重度和无侧限抗压强度。

(3)泡沫混凝土自身强度验算:应满足路堤各部位的强度要求。

(4)沉降验算:检验是否满足容许的沉降和工后沉降要求。

(5)稳定性验算:包括路基稳定性验算及某些情况下(如作为拓宽路堤、挡墙、护岸构造物或这些构造物墙背填料时)路堤的抗滑、抗倾覆及地基的承载力验算。

(6)泡沫混凝土在地下水位以下或受洪水淹没时,应考虑浮力的影响。

(7)防排水设计:泡沫混凝土吸水后重度增加将导致其轻质性受到一定程度的损失,应根据实际情况,在路堤基底设置排水盲沟或其他排水设施,排除基底积水及地表水;此外还宜在泡沫混凝土表面设置一层防水布。

(8)泡沫混凝土的附属构造设计,包括:挡板设计,交通工程预埋件设计,泡沫混凝土内部局部加筋设计,沉降缝设计等。

(9)泡沫混凝土轻质路堤上路面的设计与计算,可参照现行公路路面设计规范进行。

12.2.1.3 设计计算

(1)泡沫混凝土轻质路堤浇筑体底宽 L 与高度 H 应满足式(12.2.1.3-1)的要求。

$$L \geqslant 2\text{m} \quad 且 \quad L \geqslant 0.2H \tag{12.2.1.3-1}$$

(2)泡沫混凝土的重度应根据工程的具体需要进行设计(在地下水位以下或受洪水淹没时,重度不宜小于 10kN/m^3)。

(3)在满足相关规范的前提下,可按表 12.2.1.3 选择合适的设计强度。

表 12.2.1.3 泡沫混凝土轻质路堤的无侧限抗压强度与 CBR 值对照表

公路等级	使用部位		路面底面起计深度范围(cm)	CBR(%)	无侧限抗压强度(kPa)		
					要求值	安全系数	泡沫混凝土设计值
高速公路及一级公路	路堤	上路床	0~30	≥8	≥229	3	687~800
		下路床	30~80	≥5	≥143	3	429~500
		上路堤	80~150	≥4	≥114	3	342~500
		下路堤	>150	≥3	≥86	3	258~300
二级及二级以下公路	路堤	上路床	0~30	≥6	≥171	3	513~800
		下路床	30~80	≥4	≥114	3	342~500
		上路堤	80~150	≥3	≥86	3	258~300
		下路堤	>150	≥2	≥57	3	159~300

(4)当泡沫混凝土位于地下水位以下或受洪水淹没时,应进行抗浮验算,抗浮安全系数不应小于 1.2。

(5)泡沫混凝土轻质路堤底面抗滑稳定性验算:当泡沫混凝土置于平面与斜面交界处施工时,可将其分成坡前和坡上两部分计算滑动力和滑动抵抗力,按式(12.2.1.3-2)计算抗滑安全系数。计算图式如图 12.2.1.3 所示。

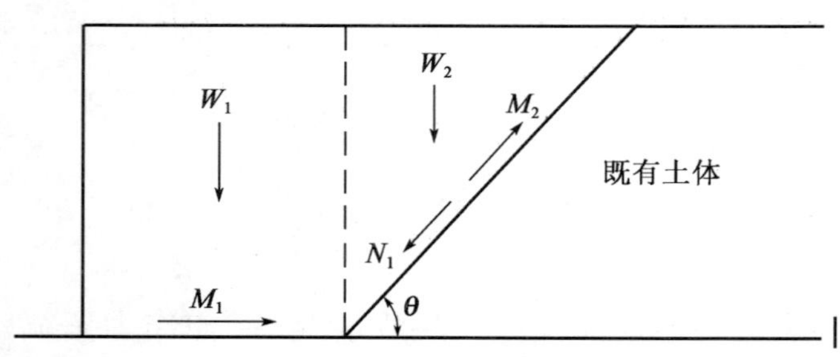

图 12.2.1.3 泡沫混凝土底面抗滑稳定性验算示意图

$$F_s = \frac{M_1 + M_2\cos\theta}{N_1\cos\theta} = \frac{\mu W_1 + \mu W_2\cos\theta\cos\theta}{W_2\sin\theta\cos\theta} \geqslant 1.3 \qquad (12.2.1.3\text{-}2)$$

式中：F_s——抗滑安全系数，不小于1.3；

M_1——坡前泡沫混凝土在底面上产生的滑动抵抗力(kN/m)；

M_2——坡面上泡沫混凝土沿斜面方向产生的滑动抵抗力(kN/m)；

θ——斜坡的角度(°)；

N_1——坡面上泡沫混凝土沿斜面方向的滑动力(kN/m)；

W_1——坡前泡沫混凝土的自重及路面荷重(kN/m)；

W_2——坡面上泡沫混凝土的自重及路面荷重(kN/m)；

μ——坡面上(或坡前)泡沫混凝土底面与天然坡或基础地基的摩擦系数，在没有实测资料时可取0.5，如果泡沫混凝土与地基之间铺设防水土工布，则应通过试验确定摩擦系数。

(6)按本规范4.5.4条进行泡沫混凝土轻质路堤的沉降计算及整体稳定性验算。

12.2.2　施工要求

施工要求如下：

(1)泡沫混凝土浇筑施工宜采用配管泵送方式。

(2)泡沫混凝土的单层浇筑厚度，除狭小面积可按≤1m控制外，其他按0.3～0.8m控制。

(3)泡沫混凝土的单块浇筑面积应根据设备能力、浇筑厚度确定，确保浇筑工作在泡沫混凝土初凝以前完成，上层浇筑应待下浇筑层终凝后方可进行。

(4)在浇筑完填筑体的顶层时，应及时覆盖塑料薄膜或土工布，养生时间为3d。

(5)当遇到大雨或长时间持续的小雨天气时，对未固化的表层应采取遮雨措施。重新浇筑上层前，应对已被雨水浸泡的表层进行铲除清理。

(6)固化前，应避免对泡沫混凝土的扰动。

12.2.3　质量检验的要求

质量检验的要求如下：

(1)泡沫混凝土浇注过程中的质量检验见表12.2.3。

表12.2.3　泡沫混凝土浇注过程检验表

项　次	检 查 项 目	规定值或允许偏差	检查方法及频率
1	气泡密度(kg/m^3)	±2	每班开工前检测1次
2	湿重度(kN/m^3)	±10%	连续浇筑，每100m^3检测1次
3	流动度(mm)	±20	连续浇筑，每100m^3检测1次

(2)泡沫混凝土固化后的质量检验内容包括重度和28d抗压强度，应满足设计要求。试样应在浇筑管管口制取，制取时测定并记录试样的湿重度，对制作的试件应进行密封保湿养生。试件规格为100mm×100mm×100mm立方体，一组3块，制取组数应符合下列规定：

①相同配合比连续浇筑少于400m^3时，按每200m^3取一组试件。

②相同配合比连续浇筑多于 $400m^3$ 时,按每 $400m^3$ 取一组试件。

③每个构造单元应至少取两组试件。

12.3 EPS 块体轻质路堤

12.3.1 设计

12.3.1.1 EPS 块体材料要求如下:

(1)EPS 块体材料的密度,一般宜在 20 ~ $30kg/m^3$ 内选用,其抗压强度应不小于 100kPa。

(2)下列情况应采用阻燃型 EPS 块体:

①有防火要求的建筑物附近;

②填方量大于 1 500 ~ 2 $000m^3$;

③暴露堆放时间过长。

12.3.1.2 EPS 标准块件常用尺寸(高×宽×长,单位 m)可选用:0.5×1.2×6.0,0.5×1.2×2.5,0.5×1.0×2.5,0.5×1.0×3.0。

12.3.2 设计计算

12.3.2.1 初步设计时,应论证选用 EPS 块体作为软土地基上路堤填筑材料的必要性。

12.3.2.2 根据路堤的稳定性和容许工后沉降要求,确定 EPS 块体的断面布置。

12.3.2.3 进行 EPS 块体轻质路堤的横断面和纵断面设计,EPS 块体轻质路堤典型横断面见图 12.3.2.3。

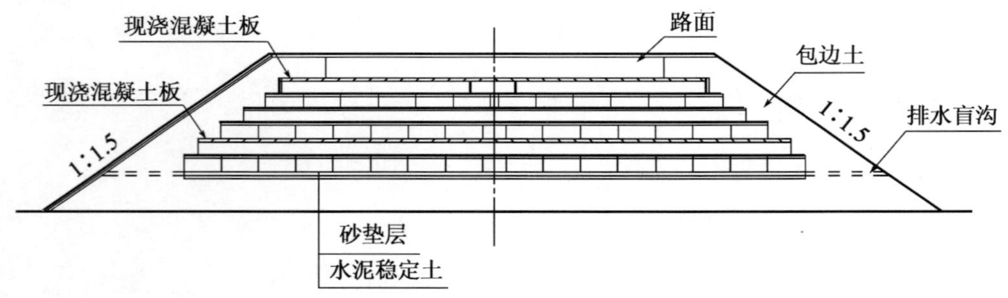

图 12.3.2.3 EPS 块体轻质路堤典型横断面示意图

12.3.2.4 按本规范第 4.5.4 条进行 EPS 块体轻质路堤的沉降计算及整体稳定性验算。

12.3.2.5 应按式(12.3.2.5-1)~式(12.3.2.5-4)进行 EPS 块体材料的抗压强度验算。竖向应力计算示意图如图 12.3.2.5 所示。

$$\sigma_z \leqslant [\sigma_a] \tag{12.3.2.5-1}$$

$$[\sigma_a] = \frac{\sigma_a}{2} \tag{12.3.2.5-2}$$

$$\sigma_z = \sigma_z' + \sigma_g \tag{12.3.2.5-3}$$

$$\sigma_z' = \frac{P(1+\xi)}{(B+2h\tan\theta)(L+2h\tan\theta)} \tag{12.3.2.5-4}$$

式中：σ_z——作用于 EPS 块体表面的竖向压应力(kPa)；

$[\sigma_a]$——EPS 块体的容许抗压强度(kPa)；

σ_a——EPS 块体抗压强度极限值(kPa)，可由室内无侧限压缩试验确定；

σ_z'——轮压荷载传递到 EPS 块体上的压应力(kPa)；

σ_g——路面结构层及混凝土板作用在 EPS 块体上的压应力(kPa)；

P——轮压荷载(kN)；

ξ——冲击系数，取 0.3；

h——路面结构层与混凝土板的厚度(m)；

B、L——车轮着地宽度和长度(m)；

θ——应力扩散角(°)，对水泥路面取 45°，对沥青路面取 40°。

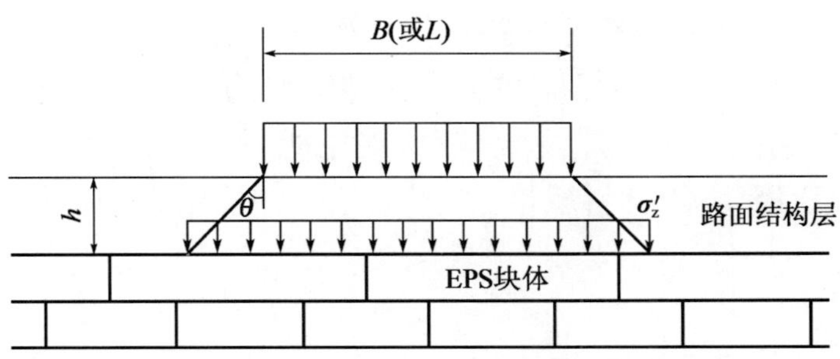

图 12.3.2.5　竖向应力计算示意图

12.3.2.6　当 EPS 块体铺设在地下水位以下或受洪水淹没时，应按式(12.3.2.6)进行抗浮验算。

$$W \geq 1.2F_{浮} \tag{12.3.2.6}$$

式中：W——EPS 路堤的总重量(kN)；

$F_{浮}$——作用在 EPS 块体轻质路堤上的浮力(kN)。

12.3.3　EPS 块体轻质路堤构造设计

EPS 块体轻质路堤构造设计应符合以下规定：

(1)EPS 块体轻质路堤的构造设计，应包括 EPS 块体的结构设计、钢筋混凝土板的设计、坡面覆土保护层设计、施工基面和排水设计等内容。

(2)EPS 块体与路面之间应设置现浇钢筋混凝土板，其厚度宜为 100～150mm，并按构造要求配置钢筋。为避免现浇钢筋混凝土板被施工机械压碎，可增设碎石垫层，其厚度宜为 300～500mm。

(3)在 EPS 多层块体之间，每隔 2～3m 或 4～6 层应设一层现浇钢筋混凝土板，其厚度宜为 100mm，并按构造要求配置钢筋。

(4)EPS 块体轻质路堤两侧坡面应覆土保护，坡面覆土最小垂直厚度不小于 500mm。

(5)EPS 块体底部应设置垫层，以保证施工基面的平整。

12.3.4 施工要求

(1)EPS块体材料必须满足设计要求的抗压强度、密度及阻燃性。

(2)EPS块体基底应整平压实,平整度和压实度应满足设计要求。

(3)EPS块体采用"搭积木"方式,分层纵横交错铺设,块体间的缝隙宽应小于20mm,块体间高低差应小于5mm。当曲线段块体间缝隙大于容许误差时,应采用砂、无收缩水泥砂浆等填塞,块体间高低差可采用无收缩水泥砂浆调平。

(4)为使EPS块体间相互固定,设置有金属联结件,EPS块各层间采用双面爪形联结件。底层EPS块用L形销钉固定于施工基面,边铺设边联结。

(5)现浇钢筋混凝土板,混凝土可用泵送或手推车运送,浇筑后用平板振动器捣实并抹平。混凝土横缝间隔为10m,其缝宽为10mm,可采用沥青浸渍杉木条嵌缝。

(6)EPS块体轻质路堤两侧护坡应覆土,覆土应采用细粒料填筑,并充分夯实。

(7)EPS块体铺设时,应禁止车辆及其他重型机械直接在EPS块体上行驶。路面底基层、基层施工时,应避免采用强振幅的压路机进行碾压,以防对现浇混凝土板的损伤。

(8)EPS块体轻质路堤施工现场应注意防火、防晒,防止与有机溶剂或石油等接触。

(9)EPS块体轻质路堤施工中应注意排水,避免地下水上升到EPS块体铺砌层。

(10)应严格控制EPS块体材料质量,并采取相应的质量管理措施。

12.3.5 质量检验的要求

(1)EPS块体施工时,应对EPS块体的尺寸、密度、抗压强度、阻燃性和变形模量等指标进行检验,抽样检查频率见表12.3.5。

表12.3.5 抽样检查频率表

填方量(m^3)	最少块体数量(个)
<500	3
500~1 000	5
>1 000	每250$m^3$1块

(2)EPS块体轻质路堤的质量应符合《公路路基施工技术规范》(JTG F10)的相关要求。

(3)采用阻燃型EPS块体时应进行燃烧性试验。

12.4 EPS颗粒混合土轻质路堤

12.4.1 设计

12.4.1.1 材料要求如下:

(1)EPS:聚苯乙烯球状小珠,经发泡工艺由工厂生产,为白色圆形颗粒状,粒径为3~5mm,密度为15~20kg/m^3,要求采用阻燃型。

(2)固化剂:普通42.5级硅酸盐水泥,要求尽可能采用缓凝水泥,终凝时间大于6h。水泥掺量一般可在4%~10%之间选用。

(3)原料土:应按就地取材的原则,选用黏土、粉土、中细砂、粉煤灰、石屑及淤泥等一种或几种混合土为原料土。

12.4.1.2　按工程需要制备的 EPS 颗粒混合土密度可在 700～1 300kg/m^3 范围根据配合比的不同调整，其 CBR(%)值可达到 8～25，28d 无侧限抗压强度可达到 80～700kPa。

12.4.1.3　施工前应现场取土进行室内试验确定目标配合比，试验时 EPS 掺入比(EPS 颗粒与原料土的体积比)可初选 0.5～1.5，水泥掺量(水泥与混合料的质量比)可初选 4%～10%，要求室内试验确定的 EPS 颗粒混合土拌和均匀，重度小于 11kN/m^3，7d 无侧限抗压强度大于 0.2MPa，28d 无侧限抗压强度大于 0.3MPa，7d CBR(%)值大于 10。施工时应按照目标配合比设计、生产配合比设计及生产配合比验证三个阶段进行生产质量控制。

12.4.2　EPS 颗粒混合土轻质路堤的施工流程

施工流程如图 12.4.2 所示。

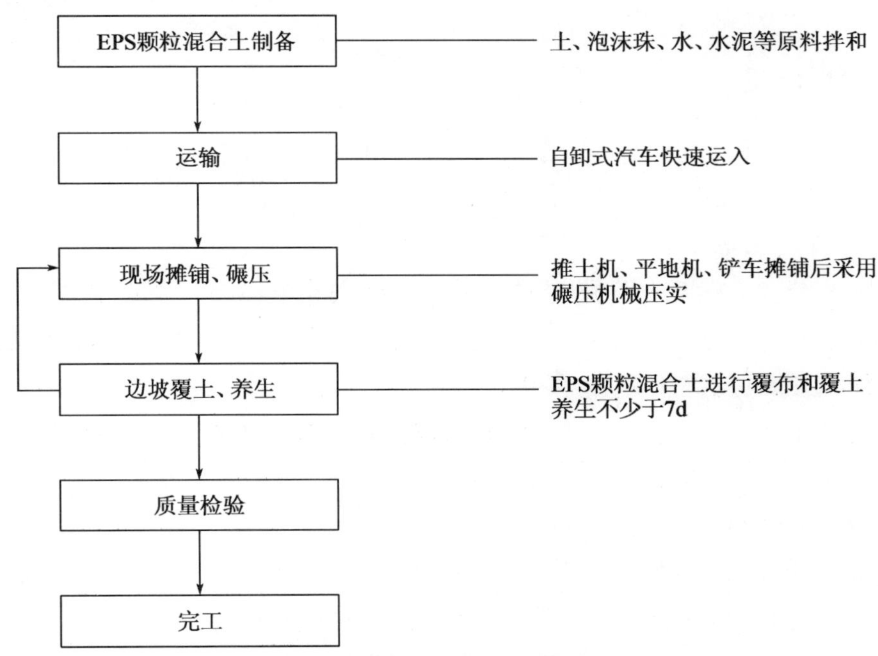

图 12.4.2　EPS 颗粒混合土轻质路堤施工流程

12.4.3　施工要求

(1)施工前进行场地清理，去除表面松散土和植物残株，以防在原地基和轻质土之间产生薄弱面。

(2)原材料添加与拌和时，为防止泡沫珠飞散或上浮，宜对泡沫珠进行预湿处理，并应根据现场气候、原料土的天然含水率等不同情况调整拌和时的加水量。

(3)EPS 颗粒混合土经拌和均匀后，应采用自卸汽车快速运至工地，进行摊铺碾压，避免运输时间过长，发生摊铺压实困难。

(4)现场摊铺可采用推土机、平地机等，按规定的厚度进行施工，摊铺厚度宜为 300～500mm，松铺厚度根据现场试铺确定。

(5)铺设砂砾垫层或碎石垫层时，应从路基横断面两侧向中间摊铺，厚度应均匀一致，表面平坦，并满足设计要求；砂砾垫层及碎石垫层应宽出路基坡脚 0.5～1.0m。

12.4.4 EPS 颗粒混合土的施工质量检验项目见表 12.4.4。

表 12.4.4 EPS 颗粒混合土施工质量检验

检 查 项 目	规定值或允许偏差	检 查 方 法
泡沫珠密度	±1kg/m³	随机抽查
水泥掺量	±0.1%	随机抽查
7d 重度	±1kN/m³	取芯,每 3 层抽查数≥3 个
28d 无侧限抗压强度	不小于设计值	取芯,每 3 层抽查数≥3 个
7d CBR(%)	不小于设计值	现场,每 3 层抽查数≥5 个
压实度	不小于设计值	现场,每层抽查数目≥5 个

12.5 粉煤灰轻质路堤

12.5.1 设计

12.5.1.1 材料要求如下:

(1)用于高速公路、一级公路路堤的粉煤灰,烧失量宜小于 12%,烧失量超过标准的粉煤灰时应做对比试验,分析论证后采用。粉煤灰的粒径应在 0.001 ~2mm 之间,为便于压实,小于 0.075mm 的颗粒含量宜大于 45%。

(2)粉煤灰可掺入其他固化材料(石灰、水泥等),掺入比例根据试验确定。

12.5.1.2 路堤横断面设计要求如下:

(1)纯灰路堤的边坡和路肩应采取土质护坡保护措施。护坡土料宜采用塑性指数不低于 6 的黏质土,护坡水平方向厚度应不小于 1m,并碾压密实。

(2)土质护坡上间隔一定距离宜设置排水盲沟。排水盲沟宜设置于路堤中下部,可设置 1 ~2 排,盲沟竖向间距 2m 左右,水平间距 10 ~15m。

(3)粉煤灰轻质路堤上路床应采用土质填筑,也可与路面结构层相结合,采用石灰土、二灰土、水泥稳定土等路面底基层材料作封顶层。

(4)粉煤灰轻质路堤底部应离开地下水位或地表长期积水位 500mm 以上,否则应设置隔离层。隔离层宜采用稳定性好的材料,其厚度不宜小于 300mm,横坡不宜小于 3%。

(5)粉煤灰轻质路堤边坡坡率应视路堤高度而定。5m 以下的路堤,边坡坡率应为 1:1.5;5m 以上的路堤,上部边坡坡率应为 1:1.5,下部边坡坡率应为 1:1.75。

12.5.1.3 粉煤灰的黏聚力 c 和内摩擦角 φ 应以饱水后测得的 c、φ 值为准,地基土各层的 c、φ 值应按选用的计算方法取用相应的计算参数。

12.5.1.4 宜通过承载板法等实测手段确定粉煤灰轻质路堤的回弹模量值。在初步设计中,如无实测资料时,可根据公路等级选用重型击实标准相应的回弹模量,一般为30~35MPa。

12.5.1.5 对软土地基上粉煤灰轻质路堤应进行沉降计算及稳定性验算,计算方法与土质路堤相同,具体见本规范4.5.4相应内容。

12.5.2 施工要求

(1)粉煤灰轻质路堤应采用水平分层填筑法施工。当分成不同作业段填筑时,先填地段应分层留台阶,台阶宽度应不小于1.5m,以保证相邻作业段接头范围内的压实度。

(2)土质护坡应与粉煤灰填筑同步进行。土质护坡摊铺宽度应保证削坡后的净宽满足设计要求,同时应按设计要求做好土质护坡的排水盲沟。

(3)粉煤灰的含水率宜在灰场调节后再运到工地直接摊铺碾压,以达到提高工效之目的。已摊铺的粉煤灰因故造成过湿或过干,应晾晒或喷洒水分调整含水率,以达到1.0~1.1倍含水率。

(4)摊铺后的粉煤灰应及时碾压,做到当天摊铺,当天碾压完毕,以防止水分蒸发影响压实效果。碾压时,应使粉煤灰处于最佳含水率范围内。

(5)粉煤灰轻质路堤因故较长时间不能继续施工时,应进行表层覆土封闭并碾压密实,做好路拱横坡,以利表面排水。应保持路基排水设施的完好,加强日常养护工作。

(6)施工中应采取必要措施确保符合环保要求,并应补充施工环保、运输、临时防雨等措施。

12.5.3 其他要求

粉煤灰轻质路堤的压实度应符合《公路路基施工技术规范》(JTG F10)的要求,压实度检验方式以环刀法为准,取样位置应在压实层中部。用灌砂法、核子密度仪等方法检测时应与环刀法建立相关关系。

13 动态监测与分析

13.1 一般规定

13.1.1 动态监测与分析适用于高速公路项目,其他等级公路可参照本章要求执行。

13.1.2 监测设计应包含以下内容:

(1)沉降板、位移桩、测斜管等布置设计、典型断面的设置和监测内容。

(2)提出填筑期、预压期、路面施工期等沉降速率控制指标和侧向位移的控制指标。

13.1.3 动态监测与分析应包含以下内容:

(1)路堤填筑前,应根据设计文件的要求,及时埋设观测标志及观测仪器。

(2)施工期应对沉降、位移等进行定期观测,并对观测数据进行整理分析,动态调整填筑控制标准、预压期、超载高度和预抛高等参数。

(3)根据沉降观测结果,提供路基沉降土方量,校验路基填筑高程。

13.1.4 动态监测工作除施工企业自行监测外,还应由有资质的第三方专业单位进行监测。

13.2 观测仪标及断面布置

13.2.1 观测仪标主要包括沉降板、位移边桩、测斜管等。

13.2.2 观测断面布置原则如下:

(1)在不处理及预压处理的一般软基路段,纵向设置间距一般为100~200m,当软土深度或填土厚度变化较大时,需根据实际情况加密。

(2)对于桥头路段,第一个观测断面设置于桥台后5~10m处,第二个观测断面设在过渡段,第三个观测断面设在桥头路段与一般路段交界段。

(3)对于沿河(塘)软土地基路段,纵向设置间距要求不大于50m。

13.3 沉降观测

13.3.1 沉降板宜设置在路中和两侧土路肩处,并应注意以下事项:

(1)路中沉降板的设置应防止与通信管道或防撞护栏位置冲突,高速公路埋设位置宜设在路中偏右 0.5 ~0.6m 处。

(2)单车道匝道仅单侧设置于土路肩处,超高路段设置于超高外侧土路肩处;有中央分隔带的双车道匝道设置于路中线处。

(3)斜交桥涵构造物相邻路段,应沿斜交方向设置。

13.3.2 沉降观测应满足二等水准测量精度要求。

13.4 侧向位移观测

13.4.1 位移边桩、测斜管设置原则如下:

(1)位移边桩宜设置于观测断面的路堤坡脚、边沟外缘以及边沟外缘 10m 处,并结合稳定分析在预测可能的滑裂面与地面的切面位置布设测点。于路基两侧沿监测横断面延长线上设置基准桩,并保持其与最外侧边桩的距离在 30m 以上。

(2)测斜管宜设置于大于极限填筑高度且路基填高 3m 以上的沿河、沿塘路段,以及路基填高在 4.0m 以上的高路堤路段(刚性桩处理路段可放宽至 5.0m)。测斜管需穿越软土层并进入硬土层 1m 以上。

13.4.2 位移边桩观测精度:测距仪误差为 ±5mm,方向观测水平角误差为 ±2.5″。测斜管测量精度: ±0.02mm/500mm。

13.5 观测频率

13.5.1 侧向位移观测应与沉降观测同步进行。

13.5.2 路基填筑期间,每填筑一层后立即观测一次;填筑间歇期间,对重点路段(如极限填筑高度以上的高路堤等)每 3 天观测一次,若填筑间隔时间较长,宜每 7 天观测一次;路堤填筑完成进入预压期后,第 1 个月每 7 天观测一次,第 2 个月每 15 天观测一次,第 3 个月及以后每 30 天观测一次,直至预压期结束。

13.5.3 路面施工期间,每层加载后应至少观测一次。若间隔时间较长,第 1 个月每 15 天观测一次,第 2 个月起每 30 天观测一次。

13.6 监测成果分析

13.6.1 观测单位应定期编写观测月报告、阶段报告及总报告。

13.6.2 成果分析及报告编制要求如下:

(1)所有观测数据应及时记录,随时计算、校核、汇总,并整理分析,以便能全面了解、分析土体变化情况而作出判断。若发现异常,应及时复查或复测处理。

(2)路基施工至路床范围1~2层以及预压一段时间后应及时编写观测报告,根据观测的成果及时对设计参数,如预压高度(包括路基预抛高)和预压期等进行动态调整。

(3)在预压荷载卸载之前,根据预压期的观测成果编写阶段观测报告,提出各路段的卸载时间和路面预抛高数据。

(4)监测工作全部完成后编写总报告。

13.7 监测控制指标

13.7.1 填筑期控制要求如下:

(1)极限填筑高度以内,填筑速率要求不大于1.5~2.0m/月;大于极限填筑高度时,每7天填筑一层。

(2)采用排水固结法处理地基时,应控制填筑速率,使之与地基的强度增长相适应。一般路堤,沉降速率应不大于15mm/24h;对于桥头路堤,沉降速率应不大于10mm/24h;对于真空预压处理路段,在稳定抽真空时期、填土高度5m以下时,沉降速率应不大于20mm/24h。

(3)非排水固结法处理的路段,沉降速率应不大于10mm/24h。

(4)各种地基的水平位移应不大于5mm/24h。

(5)当观测数据超出以上范围或路堤稳定出现异常情况而可能失稳时,观测单位应立即通知施工单位停止加载并采取处理措施,待路堤恢复稳定后,方可继续填筑。

13.7.2 预压卸载时,要求推算的工后沉降量小于设计容许值,同时满足以下沉降速率标准,方可卸载开挖路槽并开始路面铺筑:

(1)对欠载预压的路段,按连续两个月的月沉降速率不大于3mm进行控制。

(2)对等载预压的路段,按连续两个月的月沉降速率桥头不大于3mm、一般路段不大于5mm进行控制。

(3)对超载预压的路段,当有效应力面积比不大于0.75并且预压期超过6个月以上时,按连续两个月的月沉降速率不大于7mm进行控制。有效应力面积比为0.75~1.0时,按连续两个月的月沉降速率桥头不大于5mm、一般路段不大于7mm进行控制。有效应力面积比超过1.0时,按连续两个月的月沉降速率桥头不大于3mm、一般路段不大于5mm进行控制。

13.7.3 施工至基层顶面后,连续两个月的沉降速率不大于3mm/月,方可铺筑沥青混凝土下面层。

13.8 沉降预测和预抛高计算

13.8.1 沉降预测方法如下:

(1)以沉降计算值和实际观测值的绝对误差按式(13.8.1)建立目标函数。

$$J = \sum_{i=1}^{N}(s_i - s_i^*)^2 \quad (13.8.1)$$

式中：N——沉降观测值总数；

s_i——根据实际加载和地基处理方法计算的第 i 个时刻的沉降值(mm)；

s_i^*——沉降观测值(mm)；

J——各种土工参数和加载信息的函数。

(2)以地基中各土层的室内试验参数为基准，在合理的范围内给出各种土工参数和修正系数的上下限区域，在此区域内给出各参数试算的值，进行各种组合，计算 J 值，在符合最近一段时间沉降值的前提下取出与最小的 J 相对应的一组参数组合。根据这组参数和实际加载信息，代入沉降计算理论公式，推算相应的沉降曲线。

13.8.2 预抛高设置原则如下：

(1)预抛高分为路基填筑期预抛高与路面施工期预抛高，宜采用路基材料预抛高。

(2)预抛高路段可根据计算预抛高值的差异进行分段；构造物之间距离小于200m时宜划分为同一预抛高值路段。

(3)路段之间或与构造物相邻路段应设置预抛高渐变段，渐变段长度按0.4%～0.6%的坡率进行控制，并且不小于20m。

(4)等载预压和超载预压路段需预抛高时应考虑路堤的稳定。

(5)预抛高沉平时间宜采用交工验收后9～18个月。

13.8.3 预抛高值根据沉降预测计算获得，可乘以1.1～1.3倍的系数。

附录 A　浙江省软土分布图(资料性附录)

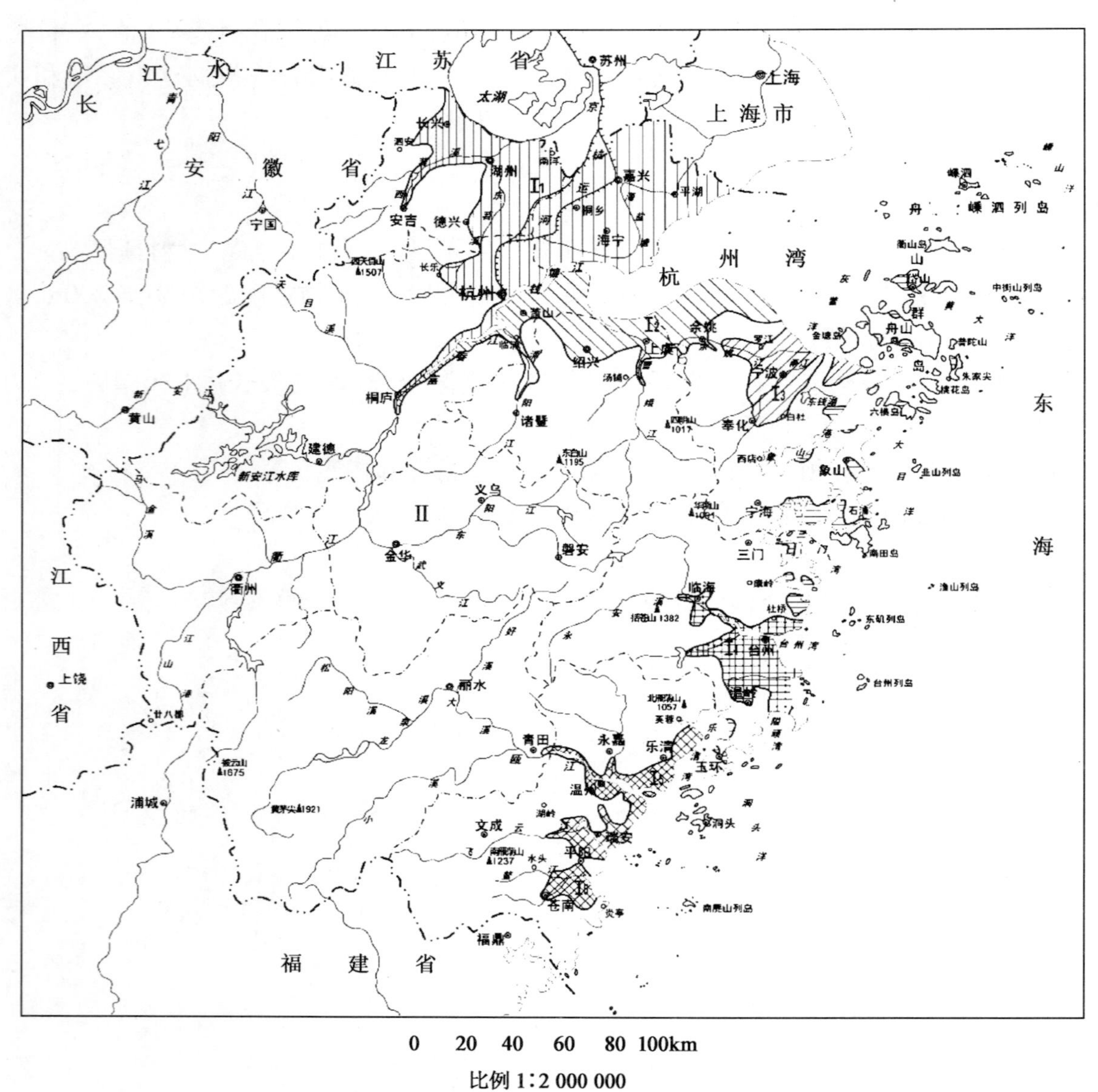

图 例

图例	说明
Ⅰ1	杭(州)嘉(兴)湖(州)平原软土分布区
Ⅰ2	萧(山)绍(兴)(余)姚平原软土分布区
Ⅰ3	宁(波)奉(化)平原软土分布区
Ⅰ4	温(岭)黄(岩)平原软土分布区
Ⅰ5	温(州)瑞(安)平(阳)平原软土分布区
	三门湾及岛屿区软土分布区
Ⅱ	中低山丘陵区及浙中盆地软土分布区

图 A-1　浙江省软土分布图

附录 B　不同地基处理方法的软土试验项目(规范性附录)

表 B-1　不同地基处理方法的软土试验项目

处理方法	试验方法												
	含水率	密度	相对密度	界限含水率	压缩	直接剪切		固结试验	三轴试验	渗透试验	无侧限抗压强度	灵敏度	有机质含量
						快剪	固结快剪						
浅层处理	☆	☆	☆	☆	☆	☆			△	△	△		
排水固结法	☆	☆	☆	☆	☆	☆	△	☆	△	☆	△	☆	
水泥搅拌桩	☆	☆	☆	☆	☆	☆			☆		☆	△	☆
轻质路堤	☆	☆	☆	☆	☆	☆		☆	△	△	△	△	
桩承式加筋路堤	☆	☆	☆	☆	☆	☆			☆		☆	△	
塑料套管混凝土桩	☆	☆	☆	☆	☆	☆			☆		☆	△	

注:1. 本表所列为常用地基处理方法。

2. 表列试验项目中,“☆”为必做项目,“△”为可做项目。

附录 C　软土室内试验项目(规范性附录)

表 C-1　软土室内试验项目

<table>
<tr><th>按性质分类</th><th colspan="2">试验项目</th><th colspan="2">提供参数</th><th>备注</th></tr>
<tr><td rowspan="6">物理性质</td><td colspan="2">含水率试验</td><td>天然含水率</td><td rowspan="3">孔隙比饱和度</td><td rowspan="3">常规项目</td></tr>
<tr><td colspan="2">密度试验</td><td>天然湿密度、干密度</td></tr>
<tr><td colspan="2">比重试验</td><td>相对密度</td></tr>
<tr><td colspan="2">颗粒分析试验</td><td colspan="2">颗粒组成、不均匀系数</td><td>粉土层做</td></tr>
<tr><td colspan="2">界限含水率试验</td><td colspan="2">液限、塑限、塑性指数</td><td>常规项目</td></tr>
<tr><td colspan="2">相对密度试验</td><td colspan="2">相对密度、最大干密度、最小干密度</td><td>粉土选做</td></tr>
<tr><td rowspan="7">力学性质</td><td colspan="2" rowspan="2">固结试验</td><td colspan="2">压缩系数、压缩模量</td><td>常规项目</td></tr>
<tr><td colspan="2">压缩指数、回弹指数、固结系数、前期固结压力</td><td>选代表性样品做，必要时做次固结系数</td></tr>
<tr><td rowspan="2">直接剪切试验</td><td>快剪试验</td><td colspan="2">抗剪强度参数(黏聚力、内摩擦角)</td><td>常规项目</td></tr>
<tr><td>固结快剪试验</td><td colspan="2">抗剪强度参数(黏聚力、内摩擦角)</td><td>选代表性样品做</td></tr>
<tr><td rowspan="2">三轴压缩试验</td><td>不固结不排水试验</td><td colspan="2">抗剪强度参数(黏聚力、内摩擦角)</td><td>选代表性样品做</td></tr>
<tr><td>固结不排水试验</td><td colspan="2">抗剪强度参数(黏聚力、内摩擦角)</td><td>选代表性样品做，必要时做有效抗剪强度参数</td></tr>
<tr><td colspan="2">无侧限抗压强度试验</td><td colspan="2">无侧限抗压强度、灵敏度</td><td>选代表性样品做</td></tr>
<tr><td>水理性质</td><td colspan="2">渗透试验</td><td colspan="2">渗透系数</td><td>选代表性样品做</td></tr>
<tr><td rowspan="2">化学成分</td><td colspan="2">酸碱度试验</td><td colspan="2">pH 值</td><td>必要时选做</td></tr>
<tr><td colspan="2">有机质含量试验</td><td colspan="2">有机质含量</td><td>选代表性样品做</td></tr>
</table>

注：1. 常规项目指必做试验项目；选代表性样品做指根据地基处理设计要求所需要的试验项目，每一土层均应有指标，数量应满足数理统计的要求；必要时选做指设计有特殊要求所需要的试验项目，每一土层指标数量宜满足数理统计的要求，应大于 3 组。

2. 固结系数、压缩指数、前期固结压力、渗透系数等应同时提供垂直和水平向试验指标；高压固结试验，试验压力应能满足绘制完整压缩曲线的要求，最大压力不宜小于 1 600kPa。

附录 D　浙江省软土工程特性(资料性附录)

表 D-1　浙江省软土工程特性

软土特点	工程性质
高含水率	天然含水率较大,多在 40% ~70% 之间,饱和度在 90% ~100%,重度一般在 14.0 ~19.0kN/m^3
弱透水性 固结速度缓慢	渗透系数较小,一般为 10^{-6} ~10^{-8}cm/s,对地基排水固结不利,路堤填筑后沉降延续时间长,尤其是高液限软土,大部分具结构性(蜂窝结构和絮凝结构),部分海相软土间夹粉土或粉砂薄层,致使其水平渗透系数与垂直渗透系数差别悬殊
大孔隙比 高压缩性	孔隙比大于 1.0,压缩系数 a_{1-2}一般大于 0.5MPa^{-1},最大可达 10MPa^{-1}以上;软土在外力的作用下,最初外力全部由孔隙水承担,随着水分的排出,外力逐渐传递到土骨架上,孔隙水压力减小,有效应力增加
低抗剪强度	十字板剪切强度 <35kPa;对排水条件较差、加荷速率较快的路堤,稳定计算时宜采用快剪强度指标;对排水条件较好,地基能达到一定程度固结时,可采用固结快剪强度指标
触变性	在天然状态下,软土有一定的结构强度,但一经扰动或振动,结构便被破坏,强度显著降低,甚至呈流动状态;灵敏度一般为 2 ~6,最大可达到 10 以上
流变性	在荷载作用下,软土承受剪应力的作用产生缓慢而长期的剪切变形,并导致抗剪强度的衰减,在主固结沉降完成之后还可能继续产生较大的次固结沉降
有机质含量低	有机质含量一般小于 10%,多为 2% ~5%;其中萧(山)绍(兴)姚(余姚)平原、宁(波)奉(化)平原部分硬壳层下分部厚 0.2 ~0.5m 的厚泥炭层,性质差,成分主要为纤维素和腐殖质
分布广、厚度大	浙北、浙东平原区大面积分布,厚度一般为 3 ~30m,温州沿海一带厚度大,可达 50m 以上

附录E 浙江省典型软土物理力学性质指标表(资料性附录)

E.1 杭(州)嘉(兴)湖(州)平原软土分布区(Ⅰ$_1$)

杭(州)嘉(兴)湖(州)平原软土分布区(Ⅰ$_1$)软土物理力学性质指标表见表E-1。

表E-1 杭(州)嘉(兴)湖(州)平原软土分布区(Ⅰ$_1$)

指标 \ 成因时代			Q_4^m					Q_3^{2m}
深度(m)			0~10		10~20		20~30	32.5~46.3
			淤泥	淤泥质土	淤泥	淤泥质土	淤泥质土	淤泥质土
天然含水率		w	53.5~65.2	36.0~54.2	53.2~61.9	35.7~53.3	39.6~48.6	37.9~43.3
天然湿密度		ρ	1.58~1.71	1.69~1.86	1.64~1.68	1.69~1.86	1.74~1.83	1.78~1.86
天然孔隙比		e	1.500~1.955	1.011~1.482	1.501~1.737	1.028~1.483	1.069~1.307	1.015~1.210
液性指数		I_L	1.08~1.96	1.04~1.91	1.41~1.88	1.05~2.10	1.08~1.51	1.07~1.54
压缩系数		$a_{0.1-0.2}$	0.84~1.80	0.51~1.53	1.31~1.73	0.50~1.33	0.50~0.80	0.38~0.50
压缩模量		$E_{s0.1-0.2}$	1.28~2.54	1.46~4.07	1.38~1.97	1.61~4.32	1.96~4.16	4.36~4.98
直剪快剪	黏聚力	c	3.0~19.0	5.0~24.0	5.0~10.0	7.0~20.0	5.0~26.0	21.8~35.7
	内摩擦角	φ	0.4~4.8	0.5~5.1	1.0~2.9	1.0~6.8	1.4~4.5	5.5~8.2
直剪固快	黏聚力	c	14.0~23.0	11.0~20.0		16.0~23.0	15.0~24.0	
	内摩擦角	φ	6.6~14.0	7.4~15		6.8~13.9	4.5~17.2	
三轴快剪	黏聚力	c_{uu}		4.0~18.0	8.0~9.0	4.0~20.0		26.0~27.0
	内摩擦角	φ_{uu}		0.6~1.7	1.4~1.9	0.5~1.3		2.2~2.5
渗透系数	垂直	K_v	2.63×10^{-7}~1.50×10^{-6}	4.73×10^{-8}~1.50×10^{-6}	8.30×10^{-8}~5.37×10^{-7}	3.70×10^{-8}~1.40×10^{-6}	2.00×10^{-7}~1.10×10^{-6}	3.00×10^{-7}~7.90×10^{-6}
	水平	K_h	5.83×10^{-7}~4.10×10^{-6}	6.50×10^{-8}~4.10×10^{-6}	2.50×10^{-8}~1.44×10^{-7}	3.10×10^{-7}~3.40×10^{-6}	2.20×10^{-7}~6.30×10^{-6}	3.70×10^{-7}~9.00×10^{-5}
无侧限抗压强度	原状土	q_u	8.0~18.0	10.0~30.0		18.0~35.0		64.0~64.7
	重塑土	q_u'		2.0~13.0		3.0~10.0		5.0~12.0
	灵敏度	s_t		1.0~4.2		2.2~6.0		4.9~11.5
静力触探	锥尖阻力	q_c	0.28~0.38	0.34~0.58		0.42~0.60	0.45~0.60	
	侧壁阻力	f_s	9.7~13.2	5.18~20.45		6.57~16.0	7.30~8.20	
十字板	原状土	C_u		12.5~30.2		15.2~32.2		
	灵敏度	S_t		1.9~4.3				

E.2　萧（山）绍（兴）姚（余姚）平原软土分布区（Ⅰ$_2$）

萧（山）绍（兴）姚（余姚）平原软土分布区（Ⅰ$_2$）软土物理力学性质指标表见表 E-2。

表 E-2　萧（山）绍（兴）姚（余姚）平原软土分布区（Ⅰ$_2$）

指标 \ 成因时代			Q_4^m					
深度（m）			0～10		10～20		20～30	>30
			淤泥	淤泥质土	淤泥	淤泥质土	淤泥质土	淤泥质土
天然含水率		w	51.8～64.9	36.4～53.6	51.4～62.4	35.1～52.2	35.0～46.1	35.0～45.8
天然湿密度		ρ	1.55～1.69	1.67～1.84	1.58～1.67	1.68～1.85	1.74～1.85	1.75～1.85
天然孔隙比		e	1.512～1.842	1.015～1.485	1.516～1.898	1.074～1.483	1.012～1.246	1.041～1.245
液性指数		I_L	1.28～2.96	1.03～1.93	1.13～2.25	1.03～2.72	1.02～1.79	1.04～1.44
压缩系数		$a_{0.1-0.2}$	0.97～2.17	0.50～1.48	1.21～1.94	0.45～1.36	0.31～0.82	0.53～0.88
压缩模量		$E_{s0.1-0.2}$	1.26～2.21	1.57～3.95	1.41～2.09	1.69～4.33	2.39～6.23	2.33～4.13
直剪快剪	黏聚力	c	4.0～16.0	4.0～18.0	6.0～18.0	4.0～26.0	8.0～32.0	14.0～30.0
	内摩擦角	φ	0.4～5.5	0.5～6.1	1.0～4.0	0.7～9.2	1.5～11.2	2.8～7.2
直剪固快	黏聚力	c	9.0～15.0	10.0～24.0	9.0～12.0	11.0～21.0	15.0～26.0	
	内摩擦角	φ	10.0～14.3	9.4～15.4	9.5～19.9	13.4～18.7	13.8～16.5	
三轴快剪	黏聚力	c_{uu}	4.0～9.0	4.0～10.0		8.0～11.0		
	内摩擦角	φ_{uu}	1.6～3.3	1.2～3.0		1.6～2.0		
渗透系数	垂直	K_v	6.20×10^{-7}～7.80×10^{-6}	9.30×10^{-7}～5.70×10^{-6}		1.40×10^{-7}～4.80×10^{-6}	9.00×10^{-7}～5.70×10^{-5}	
	水平	K_h	2.10×10^{-7}～2.60×10^{-6}	7.50×10^{-7}～1.40×10^{-6}		3.12×10^{-7}～4.40×10^{-6}	4.90×10^{-6}～2.70×10^{-5}	
无侧限抗压强度	原状土	q_u	19.0～46.0	32.0～60.0	22.0～45.0	26.0～65.0	45.0～82.0	
	重塑土	q'_u	7.0～19.0	7.0～18.0	6.0～16.0	7.0～22.0	9.0～25.0	
	灵敏度	s_t	2.3～5.0	2.1～4.8	3.6～4.6	2.5～5.6	2.6～5.0	
静力触探	锥尖阻力	q_c	0.28～0.48	0.25～0.72		0.32～0.86	0.58～1.06	0.58～0.88
	侧壁阻力	f_s	7.5～7.8	4.3～13.8		5.8～14.2	9.9～16.7	11.7～19.1
十字板	原状土	C_u	1.0～4.2	2.5～8.4		2.7～3.6		
	灵敏度	S_t	1.4～4.1	2.0～4.9		2.0～5.8		

E.3 宁(波)奉(化)平原软土分布区(Ⅰ$_3$)

宁(波)奉(化)平原软土分布区(Ⅰ$_3$)软土物理力学性质指标表见表 E-3。

表 E-3 宁(波)奉(化)平原软土分布区(Ⅰ$_3$)

指标 \ 成因时代			Q_4^m					
深度(m)			0～10		10～20		20～30	>30
			淤泥	淤泥质土	淤泥	淤泥质土	淤泥质土	淤泥质土
天然含水率		w	54.5～68.4	37.3～53.7	51.2～56.5	35.8～52.7	35.0～49.7	35.0～42.3
天然湿密度		ρ	1.59～1.68	1.67～1.82	1.62～1.69	1.67～1.81	1.67～1.83	1.72～1.83
天然孔隙比		e	1.510～1.902	1.052～1.470	1.505～1.583	1.050～1.479	1.018～1.474	1.023～1.232
液性指数		I_L	1.30～1.49	1.06～1.65	1.11～1.64	1.03～1.65	1.02～1.35	1.04～1.34
压缩系数		$a_{0.1-0.2}$	1.17～1.79	0.52～1.41	1.14～1.81	0.57～1.29	0.45～1.15	0.42～0.82
压缩模量		$E_{s0.1-0.2}$	1.55～2.00	1.64～3.67	1.29～2.23	1.84～3.46	2.13～4.48	2.52～4.81
直剪快剪	黏聚力	c	2.0～7.0	3.0～10.0	6.0～13.0	5.0～11.0	5.0～18.0	8.0～10.0
	内摩擦角	φ	0.9～8.0	0.9～9.0	1.4～6.5	2.2～11.5	2.3～18.5	3.0～9.5
直剪固快	黏聚力	c	6.0～9.0	9.0～12.0	9.0～10.0	9.0～14.0	11.0～16.0	
	内摩擦角	φ	8.0～16.5	8.2～15.7	8.4～8.9	8.1～9.6	4.2～9.4	
三轴快剪	黏聚力	c_{uu}		1.4～7.0		3.0～10.0		
	内摩擦角	φ_{uu}		1.4～2.2		1.6～3.2		
渗透系数	垂直	K_v		1.30×10^{-7}～5.90×10^{-7}		1.00×10^{-7}～2.00×10^{-7}	1.20×10^{-7}～1.80×10^{-7}	
	水平	K_h		1.60×10^{-7}～1.30×10^{-6}		1.50×10^{-7}～3.10×10^{-7}	1.40×10^{-7}～2.30×10^{-7}	
无侧限抗压强度	原状土	q_u	14.1～20.0	15.0～24.0		16.0～31.0	2.2～3.0	
	重塑土	q'_u	3.3～7.4	3.0～6.7		4.2～6.7	4.4～6.7	
	灵敏度	s_t	5.0～6.0	4.8～5.6		2.3～5.3	4.2～5.0	
静力触探	锥尖阻力	q_c	0.23～0.49	0.30～0.67	0.31～0.68	0.37～1.06	0.62～1.16	
	侧壁阻力	f_s	4.8～7.2	5.4～14.5	6.1～8.7	6.2～15.0	8.9～13.7	
十字板	原状土	C_u	2.1～12.3	4.0～15.1		4.5～22.1	6.9～23.3	
	灵敏度	S_t	1.2～5.2	1.0～6.8		1.0～6.4	1.2～5.6	

E.4　温(岭)黄(岩)平原软土分布区(Ⅰ$_4$)

温(岭)黄(岩)平原软土分布区(Ⅰ$_4$)软土物理力学性质指标表见表 E-4。

表 E-4　温(岭)黄(岩)平原软土分布区(Ⅰ$_4$)

指标 \ 成因时代			Q_4^m					
深度(m)			0～10		10～20		20～30	
			淤泥	淤泥质土	淤泥	淤泥质土	淤泥质土	淤泥质土
天然含水率		w	54.0～71.1	36.5～56.2	53.6～69.7	36.4～54.9	52.5～65.6	36.1～52.6
天然湿密度		ρ	1.58～1.68	1.69～1.83	1.55～1.69	1.67～1.85	1.62～1.69	1.69～1.82
天然孔隙比		e	1.576～1.966	1.041～1.491	1.511～1.888	1.043～1.485	1.505～1.776	1.013～1.468
液性指数		I_L	1.06～2.18	1.02～1.74	1.05～1.99	1.01～1.75	1.09～1.52	1.02～1.44
压缩系数		$a_{0.1-0.2}$	1.06～2.21	0.53～1.36	1.14～2.07	0.55～1.32	0.56～1.47	0.48～1.18
压缩模量		$E_{s0.1-0.2}$	1.12～2.24	1.68～3.85	1.22～2.11	1.75～3.56	1.76～4.28	1.89～4.26
直剪快剪	黏聚力	c	3.0～13.0	6.0～16.5	5.0～13.0	4.0～16.0	6.0～27.0	6.0～22.0
	内摩擦角	φ	0.5～3.7	0.7～7.5	0.5～4.3	0.5～4.9	0.7～6.7	0.6～6.8
直剪固快	黏聚力	c	7.0～15.0	9.0～16.0	8.0～18.0	9.0～18.0	9.0～19.0	18.0～23.0
	内摩擦角	φ	3.0～18.6	7.0～17.2	3.3～16.5	5.0～17.5	3.0～12.5	12.5～14.0
三轴快剪	黏聚力	c_{uu}	1.6～13.0	5.0～15.0	2.0～14.0	3.0～17.0	2.5～13.0	
	内摩擦角	φ_{uu}	0.2～4.2	0.9～3.1	1.1～2.8	1.2～2.0	0.8～3.0	
渗透系数	垂直	K_v	1.58×10^{-7}～1.30×10^{-6}	4.00×10^{-7}～1.45×10^{-6}	1.20×10^{-7}～1.80×10^{-6}	1.00×10^{-7}～2.60×10^{-6}		3.50×10^{-7}～1.20×10^{-6}
	水平	K_h	1.42×10^{-7}～2.90×10^{-6}	5.40×10^{-8}～2.70×10^{-6}	1.30×10^{-7}～2.30×10^{-6}	1.30×10^{-7}～4.00×10^{-6}		3.20×10^{-7}～1.30×10^{-6}
无侧限抗压强度	原状土	q_u	12.0～2.62	13.0～29.0	13.0～35.0	11.0～39.0	22.0～41.0	28.0～39.0
	重塑土	q'_u	2.0～10.0	3.0～17.0	2.0～11.0	4.0～10.9	6.8～10.0	6.5～9.0
	灵敏度	s_t	2.0～9.5	1.8～5.3	2.1～8.8	2.2～5.6	2.4～4.9	3.0～6.4
静力触探	锥尖阻力	q_c						
	侧壁阻力	f_s						
十字板	原状土	C_u						
	灵敏度	S_t						

E.5 温(州)瑞(安)平(阳)平原软土分布区(Ⅰ$_5$)

温(州)瑞(安)平(阳)平原软土分布区(Ⅰ$_5$)软土物理力学性质指标表见表E-5。

表E-5 温(州)瑞(安)平(阳)平原软土分布区(Ⅰ$_5$)

指标 \ 成因时代			Q_4^m							
深度(m)			0~10		10~20		20~30		>30	
			淤泥	淤泥质土	淤泥	淤泥质土	淤泥	淤泥质土	淤泥	淤泥质土
天然含水率		w	55.5~87.2	43.6~53.0	54.1~77.2	39.3~52.6	53.8~71.6	38.6~51.0	53.0~64.0	37.0~50.2
天然湿密度		ρ	1.49~1.85	1.68~1.80	1.52~1.69	1.68~1.83	1.53~1.70	1.67~1.89	1.60~1.68	1.69~1.85
天然孔隙比		e	1.507~2.292	1.178~1.495	1.507~2.132	1.078~1.491	1.514~2.062	1.092~1.468	1.508~1.791	1.022~1.460
液性指数		I_L	1.04~2.00	1.04~1.46	1.07~1.96	1.02~1.70	1.04~1.62	1.01~1.37	1.03~1.17	1.01~1.06
压缩系数		$a_{0.1-0.2}$	0.73~3.69	0.68~1.18	0.67~3.37	0.56~1.12	0.75~2.34	0.51~1.39	1.04~1.35	0.69~1.15
压缩模量		$E_{s0.1-0.2}$	0.51~2.76	1.92~3.07	0.56~3.19	1.96~2.67	1.13~2.57	1.67~4.27	2.02~2.66	2.09~2.95
直剪快剪	黏聚力	c	1.6~20.0	3.1~15.0	1.40~22.0	4.0~22.0	7.0~20.0	9.0~28.0	10.0~1.50	12.0~21.0
	内摩擦角	φ	0.1~9.0	0.3~18.6	0.1~7.1	0.7~20.7	0.3~6.0	0.6~12.8	1.6~4.6	1.0~3.1
直剪固快	黏聚力	c	7.0~17.0	3.0~7.0	6.0~20.0	15.0~17.7	8.0~18.0			12.0~16.0
	内摩擦角	φ	8.6~17.2	11.5~19.1	9.4~17.1	11.7~18.9	8.1~13.4			19.1~20.1
三轴快剪	黏聚力	c_{uu}	3.0~12.0		3.0~14.0		13.0~16.0			
	内摩擦角	φ_{uu}	0.4~2.0		0.3~1.8		0.8~2.3			
渗透系数	垂直	K_v	2.70×10^{-7}~1.10×10^{-6}	2.70×10^{-7}~1.70×10^{-6}	1.10×10^{-7}~1.50×10^{-6}		1.40×10^{-7}~3.90×10^{-6}			
	水平	K_h	2.80×10^{-7}~5.50×10^{-6}	2.70×10^{-7}~3.50×10^{-6}	2.30×10^{-7}~1.60×10^{-6}		1.50×10^{-7}~2.90×10^{-6}			
无侧限抗压强度	原状土	q_u	6.0~32.1	30.4~38.1	15.7~47.0	20.0~50.0	15.9~50.8	13.5~54.2		45.1~46.2
	重塑土	q_u'	3.0~12.0	20.0~21.5	3.6~15.4	5.3~21.3	6.7~19.4	6.2~23.2		11.4~14.7
	灵敏度	s_t	2.9~5.0	1.4~1.9	2.7~6.0	2.3~5.6	2.5~5.2	2.2~5.7		3.07~4.05
静力触探	锥尖阻力	q_c	0.17~0.46	0.35~0.69	0.15~0.65	0.35~0.99	0.41~0.65	0.55~0.99		0.66~1.11
	侧壁阻力	f_s	3.0~8.5	6.2~11.4	3.6~9.8	6.2~14.1	6.3~10.4	7.1~24.5		11.8~25.1
十字板	原状土	C_u	7.0~21.3	16.0~36.0	9.0~20.7	10.0~43.0		21.0~34.0		
	灵敏度	S_t	2.0~4.7		3.0~4.3	3.9~4.5				

附录 F　桩体荷载分担比系数 η(规范性附录)

表 F-1　桩体荷载分担比系数 η

φ	20°			25°			30°					
$\frac{s}{h}$ \ $\frac{b}{s}$	0.3	0.4	0.5	0.6	0.3	0.4	0.5	0.6	0.3	0.4	0.5	0.6
0.3	0.321	0.494	0.652	0.781	0.423	0.609	0.757	0.863	0.540	0.722	0.846	0.911
0.4	0.321	0.494	0.652	0.781	0.423	0.609	0.757	0.863	0.540	0.722	0.813	0.867
0.5	0.321	0.494	0.652	0.781	0.423	0.609	0.748	0.817	0.540	0.686	0.748	0.817
0.6	0.321	0.494	0.652	0.760	0.423	0.607	0.677	0.760	0.540	0.607	0.677	0.760
0.7	0.321	0.494	0.603	0.697	0.423	0.527	0.603	0.697	0.468	0.527	0.603	0.697
0.8	0.321	0.447	0.526	0.628	0.387	0.447	0.526	0.628	0.387	0.447	0.526	0.628
0.9	0.310	0.368	0.448	0.555	0.310	0.368	0.448	0.555	0.310	0.368	0.448	0.555

φ	35°			40°			45°					
$\frac{s}{h}$ \ $\frac{b}{s}$	0.3	0.4	0.5	0.6	0.3	0.4	0.5	0.6	0.3	0.4	0.5	0.6
0.3	0.663	0.822	0.872	0.911	0.778	0.834	0.872	0.911	0.799	0.834	0.872	0.911
0.4	0.663	0.762	0.813	0.867	0.718	0.762	0.813	0.867	0.718	0.762	0.813	0.867
0.5	0.634	0.686	0.748	0.817	0.634	0.686	0.748	0.817	0.634	0.686	0.748	0.817
0.6	0.551	0.607	0.677	0.760	0.551	0.607	0.677	0.760	0.551	0.607	0.677	0.760
0.7	0.468	0.527	0.603	0.697	0.468	0.527	0.603	0.697	0.468	0.527	0.603	0.697
0.8	0.387	0.447	0.526	0.628	0.387	0.447	0.526	0.628	0.387	0.47	0.526	0.628
0.9	0.310	0.368	0.448	0.555	0.310	0.368	0.448	0.555	0.310	0.368	0.448	0.555

注:φ-路堤填料的内摩擦角(°);s-桩的中心间距(m);b-方形桩帽的边长或圆形桩帽的等效边长(m);h-路堤填筑高度(m)。

附件

《公路软土地基路堤设计规范》

Code for Design of Highway Embankment on Soft Ground

（DB 33/T 904—2013）

条 文 说 明

4 基本规定

4.1 软土的界定

关于软土的界定，国内各行业的标准有所差异，本规范以《公路路基设计规范》(JTG D30—2004)、《公路桥涵地基与基础设计规范》(JTG D63—2007)、《公路软土地基路堤设计与施工技术指南》(送审稿)软土分类为基础，结合近二十年来浙江省高速公路地基处理中经常遇到的软弱土处理问题，参考国家标准《岩土工程勘察规范》(GB 50021—2001，2009年版)进行分类。

稍密粉土指钱塘江两岸上部分布的厚层粉土层(特指 $7 < I_p \leq 10$，原公路规范划归为粉质黏土部分的粉土)，为全新统沉积，部分为近代沉积或人类围堤堆积，其表部一般天然孔隙比大、标准贯入击数低、结构松散，沪杭甬高速公路、乍嘉苏高速公路、杭金衢高速公路、机场高速公路等路基运营中均发现有不同程度的工后沉降变形。在其他软土分布区，部分工程性质较差的粉土也常见呈透镜状零星分布于软土层中。考虑到该类粉土一般需进行地基处理，根据浙江省的实际情况，本规范将其归入软土中。

4.3 工程勘察

公路工程地质勘察应按公路建设各勘察阶段的要求，查明软土的埋藏条件、地层纵横向分布、变化情况及物理力学性质，精心勘察、认真分析，提出资料完整、评价正确的工程地质勘察报告。

沿河、傍山、暗浜、暗塘及桥头高填土等特殊路段，易引起侧向滑移，地质勘察过程中更应重视。

4.4 沉降与稳定标准

4.4.1 新建工程工后沉降(又称残余沉降)涉及的情况比较复杂，它的取值直接影响到工程造价及道路的使用性能。国内外对这个问题的看法和角度都有所不同。

我国公路路面有关规范中对沥青混凝土路面和水泥混凝土路面的设计使用年限有不同的取值规定：沥青混凝土路面一般为15年，而水泥混凝土路面则根据道路等级不同，一般采用20年或30年；但实际意义上的路面设计使用年限应该是大修的年限，因为在设计年限之内的维修工作是必不可少的，即使非软基上的道路也是如此。

从国外有关资料看，德国对预压的要求是很严格的，因而较好地控制了后期沉降；法国与美国对桥头的差异沉降控制也很重视;但日本对工后沉降的重视程度逐渐降低,其理由主要有:①若采用经济的方法,往往无法减少长期沉降(主要指次固结沉降);②地基沉降量随时间的变化关系难以准确预测;③道路填方完工后,即使长期沉降量较大,也能通过维修管理手段予以控制。

我国京津塘高速公路设计时,制定的容许工后沉降控制标准为:主线桥梁和通道相邻路基取0.1m,涵洞相邻路基取0.2m,除此之外的一般路基取0.3m。之后设计的广佛、杭甬、深汕等高速公路也参考京津塘高速公路的指标作了相差不大的规定,原《公路软土地基路堤设计与施工技术规范》(JTJ 017—96)在吸取了上述这些高速公路的应用成果和国内外使用经验后,也是如此规定。

通过对实际工程的调研发现,除了直接相关的工程造价因素外,道路运营安全、舒适性能与工后沉降关系密切,同时和行车速度关联重大:高速公路、一级公路设计速度高,相应对构造物路段的工后差异沉降(反映为跳车)控制要求严格;而在设计速度较低的情况下,则相对较高的工后差异沉降也不会对道路运营安全、服务水平造成不良影响。故本规范提出了不同设计速度下,不同路段的工后沉降控制标准。对于行车舒适度直接相关的纵向差异沉降渐变率,也提出了明确的指标要求。

4.4.2 有关专题研究表明,稳定安全系数与所采用的计算方法及所用的剪切试验方法相关。目前软土地基路堤的稳定验算一般采用瑞典圆弧滑动法中的固结有效应力法、改进总强度法。固结有效应力法考虑了软土地基路堤填筑施工的实际情况,即该计算模式考虑了逐级加载使地基固结、强度逐渐提高的因素。改进总强度法利用原位测试资料的优点,采用强度增长系数计算固结过程中强度的增量,稳定验算相对高效可靠。简化毕肖普(Bishop)法和简布(Janbu)普通条分法都是较精确的计算方法,但取样试验的工作量较大,可在有条件时应用。

4.5 设计

4.5.3 软土地基处理方法的合理选用是一项复杂的综合分析与比选过程。它涉及软土深(厚)度、软土指标、路堤填高、周边环境、工程造价、工期安排等众多因素的制约,本规范根据工后沉降控制的对应路段类型,提出了一般路段、构造物与路基相邻路段、不同处理方法相邻路段、傍山沿河等特殊地形地貌路段及改扩建路段选用处理方法的一般性原则。

软基处理方式过多不利于施工控制,一般情况下连续软基路段的处理方式不宜超过三种。

桥梁、通道、涵洞与路基相邻路段:

在路堤填高较低、软土也不深厚的情况下,通过进行合理的塑料排水板选材、打设质量控制,并在保证设计预压时间的条件下,也能取得较为理想的软基处理效果,这在大量已建公路调研和国外工程实践中都能得到验证。因此,从经济合理的角度出发,对于填高较低的桥头路段,也建议首先考虑采用排水固结法进行处理,并辅以超载预压的措施,以缩短预压周期。

对于桥头路堤填高较大,而且软土深厚的情况,从降低桥头跳车、保证行车安全与行车舒适性、减少后期养护费用等角度出发，一般优先考虑水泥搅拌桩、预应力管桩、塑料套管混凝土桩等，或者采用排水固结法软基处理方式并结合轻质路堤综合处理，以增加高路堤稳定性，减小工后沉降，保证建设工期等要求。

不同处理方法相邻路段：

桩承式加筋路堤、复合地基、排水固结法等不同处理方法路段之间往往存在差异沉降，应进行过渡处理设计。设计中可选用桩长渐变、桩间距渐变、局部超载、轻质路堤过渡等措施综合处理。图 4-1、图 4-2 为桥头路段及箱通路段过渡段处理采用桩长渐变方案的示意图。

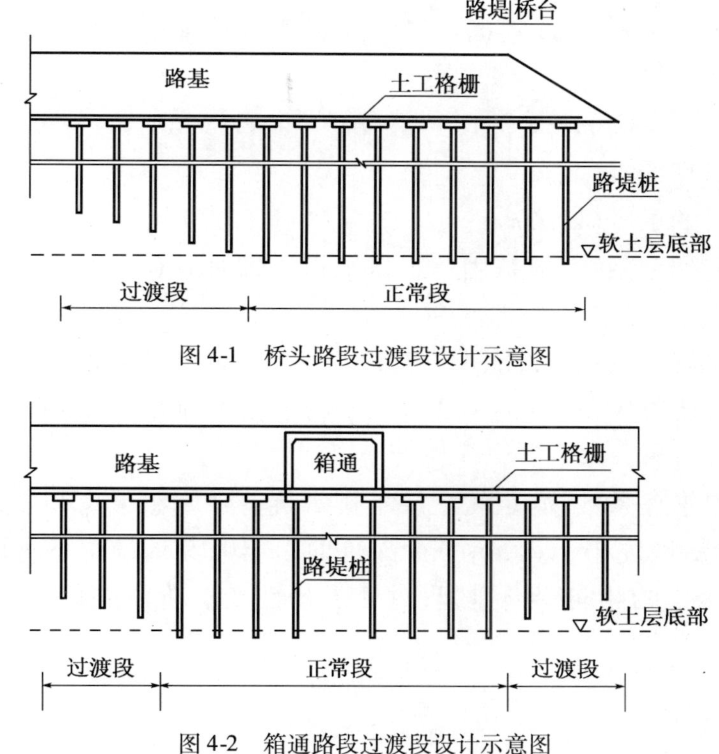

图 4-1　桥头路段过渡段设计示意图

图 4-2　箱通路段过渡段设计示意图

特殊地形地貌路段：

傍山路段，软土分布在路线纵、横向的变化均相对较大，且厚度的渐变延展也没有一定规律，必须在进行详细地质勘查的基础上，结合路堤填高、稳定验算成果慎重采用处理措施。当软土浅薄时，置换往往是最直接有效的手段；而当软土较厚以及填高较大时，应尽量采用适应地质变化的现浇类桩承加筋处理方式；由于预应力管桩打设时受配桩限制，往往会导致大量截桩现象，影响桩身质量且方案不经济，所以一般不推荐采用。

近河塘路段也是最容易发生路堤滑移失稳的危险路段，当河道改移困难，或改移后河岸离路堤坡脚仍较近(一般小于 20m)时，应以稳定验算为主，尽量采用桩承式加筋路堤、轻质路堤等可有效提高安全的措施。

以往工程中曾出现预应力管桩、排水固结法等处理方法施工过程中使邻近的民房产生地基沉降及水平位移，导致房屋开裂、倾斜等不良后果的案例，因此在邻近重要建筑物路段，应尽量采用沉降小、挤土效应小的处理措施。

改扩建路段：

对于穿越软土地基路段的公路拓宽改建，若原有地基已基本固结沉降稳定，而两侧地基为原状地基,选取路基拓宽范围的软土地基处理方式时应考虑尽量减少对原有路基的影响,因此采用桩承式加筋路堤或复合地基较为合适,施工时要尽量选择挤土效应较小的施工方法,并加强沉降和稳定性观测,确保新老路基的稳定;若改建时原有地基仍处于继续沉降阶段,则应根据老路在改建之后尚存在的工后沉降,采取相匹配的易于协调变形的处理措施。

4.5.4 沉降与稳定性计算

4.5.4.2

(1)总沉降

沉降综合经验修正系数 m_s 应根据现场沉降观测资料确定,也可采用式(4-1)的经验公式估算。

$$m_s = 0.123\gamma^{0.7}(\theta H^{0.2} + VH) + Y \tag{4-1}$$

式中:H——路堤中心高度(m);

γ——路堤填料的重度(kN/m^3);

θ——地基处理类型系数,地基用塑料排水板处理时取0.95~1.1,用水泥搅拌桩处理时取0.85,一般预压时取0.90;

V——填土速率修正系数,填土速率在0.02~0.07m/d之间时取0.025,采用分期加载(速率小于0.02m/d)时取0.005,采用快速加载(速率大于0.07m/d)时取0.05;

Y——地质因素修正系数,满足软土层不排水抗剪强度小于25kPa、软土层的厚度大于5m、硬壳层厚度小于2.5m三个条件时,$Y=0$,其他情况下可取 $Y=-0.1$。

瞬时沉降 S_d 由土体的侧向变形引起;对处于弹性变形阶段的地基,其瞬时沉降可按式(4-2)计算。

$$S_d = F\frac{pB}{E} \tag{4-2}$$

式中:p——路堤底面中点的最大垂直荷载(kPa);

E——弹性模量的平均值(kPa),按分层厚度加权平均计算;

F——路堤中线沉降系数,由图4-3查得,当缺少实测资料时,可取泊松比 $\mu=0.4$~0.5 查图;

B——换算荷载的宽度(m),计算示于图4-3中。

次固结沉降 S_s 是在土骨架上的有效应力基本上保持不变的条件下,地基土随时间的增长而发生的沉降,可按从主固结完成后开始,由时间—压缩曲线的斜率近似求得。

次固结沉降可按式(4-3)计算。

$$S_s = \sum_{i=1}^{n}\frac{I_{ai}}{1+e_{ci}}\lg\left(\frac{t_A}{t_{ci}}\right)h_i \tag{4-3}$$

式中:h_i——各土层的厚度(mm);

t_{ci}——主固结完成所需要的时间(d);

e_{ci}——主固结完成时土的孔隙比;

t_A——计算次固结变形所要求的总时间(d);

I_{ai}——次固结系数，又称灵敏性因子，由土层取样进行室内高压固结试验得到的 e-lg$t$ 曲线确定，系该曲线反弯点以后直线段的斜率。

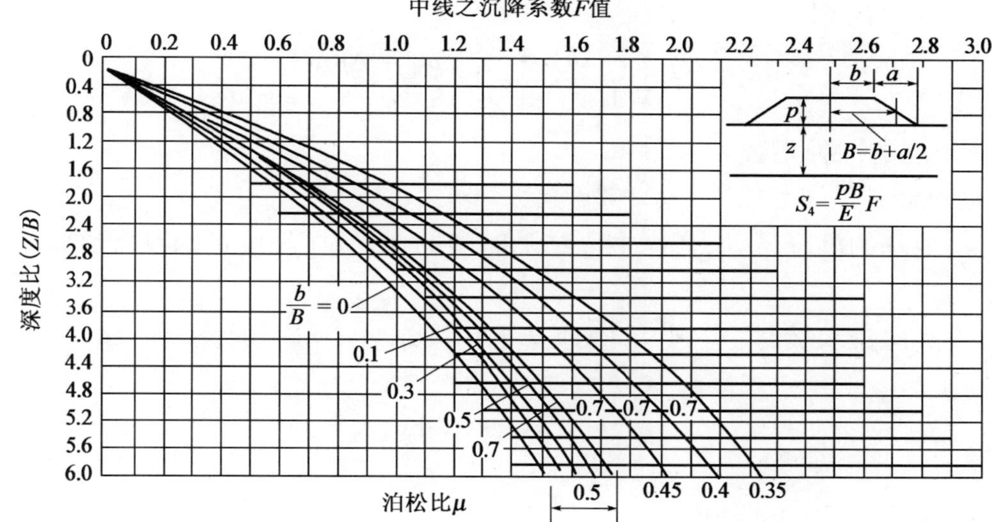

图 4-3　梯形荷载中线地基沉降系数

主固结沉降 S_c 可采用分层总和法按式(4-4) ~ 式(4-8)计算，压缩试验资料可用 e-p 曲线、压缩模量 E_s 或 e-lg$p$ 曲线。

①用 e-p 曲线计算

$$S_c = \sum_{i=1}^{n} \frac{e_{0i} - e_{1i}}{1 + e_{0i}} \Delta h_i \tag{4-4}$$

式中：S_c——主固结沉降量(mm)；

n——压缩层内土层分层的数目；

e_{0i}——地基中各分层在自重应力作用下稳定孔隙比；

e_{1i}——地基中各分层在自重应力和附加应力共同作用下稳定孔隙比；

Δh_i——地基中各分层的初始厚度(mm)。

②用压缩模量计算

$$S_c = \sum_{i=1}^{n} \frac{1}{E_{si}} \Delta p_i \Delta h_i \tag{4-5}$$

式中：E_{si}——地基中各分层的压缩模量(kPa)；

Δp_i——地基中各分层中点的附加应力(kPa)。

③用 e-lg$p$ 曲线计算

正常固结土、欠固结土的沉降计算公式：

$$S_c = \sum_{i=1}^{n} \frac{\Delta h_i}{1 + e_{0i}} C_{ci} \lg\left(\frac{p_{0i} + \Delta p_i}{p_{ci}}\right) \tag{4-6}$$

式中：p_{0i}——地基中各分层中点的自重应力(kPa)；

p_{ci}——地基中各分层中点的前期固结压力(kPa)；

C_{ci}——土层的压缩指数。

超固结土的沉降计算公式：

a. 当 $\Delta p > p_c - p_0$ 时，

$$S_c = \sum_{i=1}^{n} \frac{\Delta h_i}{1 + e_{0i}} \left[c_{si} \lg\left(\frac{p_{ci}}{p_{0i}}\right) + c_{ci} \lg\left(\frac{p_{0i} + \Delta p_i}{p_{ci}}\right) \right] \tag{4-7}$$

b. 当 $\Delta p < p_c - p_0$ 时,

$$S_c = \sum_{i=1}^{n} \frac{\Delta h_i}{1 + e_{0i}} \left[c_{si} \lg\left(\frac{p_{0i} + \Delta p_i}{p_{0i}}\right) \right] \tag{4-8}$$

式中:c_{si}——土层的回弹指数。

(2)工后沉降

任意时刻地基的沉降量 S_t,考虑主固结随时间的变化过程,按式(4-9)计算。

$$S_t = S_d + US_c + S_s \tag{4-9}$$

当未打设竖向排水板时,式(4-9)中地基平均固结度 U 采用太沙基一维固结理论解按式(4-10)计算。

$$U = 1 - \frac{8}{\pi^2} e^{-\frac{\pi^2 C_v}{4 H^2} t} \tag{4-10}$$

式中:U——地基竖向平均固结度;

C_v——竖向固结系数(m^2/s);

H——孔隙水的最大渗径(m),单面排水时取压缩层的厚度,双面排水时取压缩层厚度的一半;

t——固结时间(s)。

4.6.1 受建设前期政策处理的滞后及填料来源、施工组织、计划通车时间的限制,一些公路工程软土地基路堤的预压时间往往无法达到设计的要求,导致运营期工后沉降偏大。因此,软土路段路堤应尽早安排软基处理和路基填筑,以争取尽可能充裕的沉降固结时间。

4.6.2 施工动态控制包含信息反馈和动态监测,动态监测的内容主要有地表沉降、分层沉降、深层沉降、侧向位移、基底压力、孔隙水压力、地下水位等。

4.6.5 天然土体的性质不同于一般的均质材料,它具有空间与时间上的变异性,也不可能通过勘探测试手段完全揭示其特性,众多不确定因素造成了理论分析结果与实际的差异。要比较好地解决这个问题,就必须重视施工过程中的信息反馈和动态监测,譬如试桩长度与持力层的判断,以及通过孔隙水压力的变化、深层测斜仪的变形判断路堤的稳定性等;若发现地层变化异常,则需作地质与设计参数的验证,对设计方案进行必要的调整和变更,或有效指导变更施工方案。

4.7 由于公路沿线地质、路堤条件的多样性与复杂性,不同路段采用的处理方法肯定也是不同的,比如桥头、涵洞等构造物路段与一般路段,因此会引起纵向沉降的差异,处理不当,同样会引起跳车现象,影响行车安全和舒适度。因此,明确设计文件应包含“不同处理方法之间过渡处理设计图”。

动态设计与沉降、稳定监测是保证路堤安全稳定、确保施工质量的重要环节,故在设计文件中应明确相关设计内容。

5 浙江省软土的工程特性及勘察

5.1 软土的分类与工程特性

5.1.1 浙江省地处中国东南沿海长江三角洲南翼，陆域面积约 10 万 km^2，浙北、浙东平原区广泛分布软土层，且不同地区软土特点不同，对工程影响程度不同，同一地区软土性质有相近性。根据现有公路勘察设计资料，结合浙江省地貌分区，对软土分布进行初步划分，主要划分为杭（州）嘉（兴）湖（州）平原软土分布区、萧（山）绍（兴）姚（余姚）平原软土分布区、宁（波）奉（化）平原软土分布区、温（岭）黄（岩）平原软土分布区、温（州）瑞（安）平（阳）平原软土分布区、三门湾及岛屿软土分布区、中低山丘陵及浙中盆地区等。

浙江省软土地层主要为全新统地层，成因类型较复杂，厚度变化趋势总体由西向东、由山区向海洋、由河流上游向下游、自丘陵边缘向盆地中心逐渐增大，沉积类型主要为海相、湖沼相等。

各区软土的分布情况简单介绍如下：

（1）杭（州）嘉（兴）湖（州）平原软土分布区（I_1）：分布于钱塘江—杭州湾北岸的杭州、嘉兴和湖州平原地区，浅部全新统地层岩性以海相灰、灰黑色淤泥质土、淤泥为主，间夹薄层冲海相粉土、粉砂，表部常分布有机质土和泥炭层薄夹层。上更新统地层顶部为冲湖相灰绿色、灰黄色硬可塑状粉质黏土、黏土，其下为海相灰色淤泥质土。多发育双层或三层软土。

（2）萧（山）绍（兴）姚（余姚）平原软土分布区（I_2）：分布于钱塘江—杭州湾南岸的萧山、绍兴和余姚地区，表层多为冲湖相、湖沼相的灰黄色可塑状粉质黏土，其下为海相灰、灰黑色淤泥质土，上部常分布有机质黏土和泥炭层。靠近钱塘江河口地段上部分布厚层冲海相粉土、粉砂，中部分布海相软土。

（3）宁（波）奉（化）平原软土分布区（I_3）：分布于宁波、大碶和奉化等平原区，地表以灰黄色、暗绿色湖沼相地层为主，其下分布海相淤泥、淤泥质土层，常有泥炭层成片分布。

（4）温（岭）黄（岩）平原软土分布区（I_4）：分布于温岭、椒江、黄岩、路桥等平原区，地表为冲海相、海相可塑状粉质黏土，下部软土为海相淤泥、淤泥质土，分布广，厚度大，含水率较高。厚度由山前向海边逐渐增大。

（5）温（州）瑞（安）平（阳）平原软土分布区（I_5）：分布于乐清、温州、瑞安、平阳等平原区，地表为冲海相、海相可塑状粉质黏土，下部软土为海相淤泥、淤泥质土，分布广，厚度大，含水率高。厚度由山前向海边逐渐增大。

（6）三门湾及岛屿软土分布区（I_6）：分布于三门湾及沿海诸岛海岸线边缘及小型盆地区，分布范围零星，表部硬壳层厚度薄或缺失，软土以海相淤泥、淤泥质土为主，厚度大，含水率高。厚度由山前向海边逐渐增大。

(7)中低山丘陵及浙中盆地区(Ⅱ):零星分布于中低山丘陵及浙中盆地内排水不畅的低洼地带,多属湖沼相沉积,厚度一般较小,局部有机质含量高。

5.1.2 软土地基易引起的工程问题

(1)地基沉降和不均匀沉降:这是浙江省软土地基上修筑公路普遍存在的工程问题,尤其是厚层、巨厚层软土地基,工后沉降量大,造成路面崎岖不平,加速了路面破损。傍山路段软土层纵横向厚度、性质差异大,路基易产生不均匀沉降。

(2)路基失稳:软土地基上填筑高路堤时由于软土强度低、固结缓慢,路堤填筑速度过快时易引起路堤滑动失稳。

(3)桥头跳车:桥梁、通道、涵洞相邻路段由于构筑物与路堤之间的差异沉降较大,易引起桥头跳车现象,影响车辆正常通行。

为减少或消除以上问题,在勘察过程中必须对软土进行正确的分类。软土的分类方法很多,根据浙江省内软土的埋藏分布特征,结合软基处理方法的适应性,本规范按成因类型、特性指标、埋藏分布条件进行分类。

5.1.2.1 浙江省软土以海相为主,部分为湖沼相。其中海相在浙北、浙东、浙东南沿海一带广泛分布;湖沼相多分布在中低山及浙中盆地区。谷地、河滩等地分布的软土,分布范围小,一般均为湖沼相沉积,本次划分将这类情况均归为湖沼相。

根据相关资料划分,浙江省海相软土还可细分为潟湖相、滨海相、三角洲相等,但其准确界线尚难以划清,为方便工程应用,本次划分未进行细分。

5.1.2.2 本条分类标准与第4章软土鉴别指标表一致。其中软土按有机质含量分类摘自《岩土工程勘察规范》(GB 50021—2001,2009年版)表A.0.5。

5.1.2.3 根据软土埋藏条件的不同,软土地基处理方式也不同。不同的软土厚度,所适用的软土地基处理方式也有所不同。按软土厚度及埋藏条件分类时充分考虑了这一因素,以便设计在选择处理方式中使用。

5.1.3 软土具有高含水率、大孔隙比、弱透水性、高压缩性与固结速度缓慢、低抗剪强度、触变性、流变性等工程特性,这些特性的综合影响直接关系到软土地基的处理方式。

5.2 工程勘察

5.2.4 软土地基勘察方法很多,应将钻探和原位测试手段相结合,注意因地制宜、择优选用的前提,并需考虑多种勘察方法相对照与校核、多种技术指标相印证与补充的原则。钻探是工程地质勘探的一个主要方法,能直接鉴别岩芯,并在钻进的同时进行原位测试或采取原状土样进行室内试验,是目前软土地区较常用的勘察手段之一。

5.2.5 资料收集是工程勘察很重要的一个环节。资料收集齐全、分析合理,充分了解公路走廊带的软土条件及设计意图，使得工程勘察工作更有针对性，可以节省勘察工作量，做到事半功倍的效果。

5.2.6 为查明场地走廊带的地形地貌、地质条件，对公路建设的稳定性和适宜性进行评价，工程地质调查和测绘具有很重要的意义。调查点的精度应满足各阶段勘察要求。

5.2.7 勘探

5.2.7.1 各阶段勘探点控制间距与环境类别、道路等级、荷载应力的大小以及路段性质等有关。

环境类别划分为简单场地与复杂场地两类：简单场地，指地形较平坦，地貌单一，地层岩土性质简单，厚度变化不显著、不频繁的地质环境；复杂场地，指地形起伏较大，地貌单元较多，地基可压缩层的计算深度内地层岩土性质、层次类型变化较复杂的地质环境。

本条对公路等级按《公路工程技术标准》(JTG B01—2003)划分档次，二级以下公路指三级公路、四级公路的等级公路。

本条对勘探点间距的高、低限的规定与采用：间距的绝对值大的数字表示高限；反之称低限。对于一般路堤高度的荷载作用路段，勘探点间距用高限；对于设计填土高度大于极限填筑高度或桥头较高填土路堤路段，勘探点间距用低限。

应充分利用构造物钻孔资料，路桥两用孔取样和试验成果应同时满足构造物和路基的设计要求。

5.2.7.3 软土地基勘探深度的控制：对均匀的巨厚层软土，采用应力比来确定比较合理。但在初步设计阶段，路基高度不一定能准确确定，在不能预计附加应力的大小时，对处理桥头较高路堤位置的，控制点钻孔深度宜为40m左右或钻穿软土层。温(州)瑞(安)平(阳)平原软土分布区，软土性质极差，软土层厚度大，控制点钻孔深度宜为50m或钻穿软土层。

基本确定路堤高度后，选择附加应力与自重应力比来确定勘察深度时，应注意：对饱和软土层的自重应力按浮重度计算；对长段路堤应力比建议选0.15；对桥头路堤应力比建议选0.10。如果在影响深度内，软土地基底出现厚层较硬地层、厚层砂基底或岩质基底，尽管应力比仍大于0.15，可不再向下计算。

当软土地层为多层时，应注意所确定的计算深度下面是否还有软土层。如存在，则应继续向下计算，以避免计算深度下软土层基底有超过容许变形的影响。

5.2.7.4 控制性钻孔与一般性钻孔：对既作为编制工程地质纵断面图，又需进行全孔取样或测试，以确定各地层物理力学性质指标用的钻孔，划为控制性钻孔；对仅作为编制工程地质纵断面图和仅作为补充控制点钻孔的辅助性钻孔，划为一般性钻孔。

在钻孔中对非软土层，如硬壳层、砂层、一般土层、硬土层、全风化基岩等也要取原状土样，是基于稳定性验算和固结排水与沉降计算的需要。

规定软土地基钻探以采用干钻法为宜。对于多年处于最低地下水位以下的饱和软土，允许采用泥浆钻探，但必须采取防止地基土层结构发生变化的措施。这些措施是：控制钻孔的转速与给进加压；取样前的钻进应在距取样顶部的适当距离停泵泥浆；清理孔内沉淀物等。

鉴于软土在含水率过大或结构过于松散的状态下,受钻进和取样、放置、运输等条件或外力影响,地基土层容易发生结构性变化。因此,本条对减少以上影响的措施作出规定,保证采取的样品不产生不容许的结构扰动或变形。

5.2.8 原位测试

5.2.8.1 原位测试是在现场岩土层中进行岩土体物理力学性质指标测试的方法。在软土勘察中,原位测试是十分重要的手段,在探测地层分布、测定岩土特性、确定地基承载力等方面有突出的优点,应与钻探取样和室内试验配合使用。

在选用原位测试方法时,应考虑的因素包括土类条件、设计要求、勘察阶段等,而地区经验的成熟程度最为重要。

各种原位测试所得的试验数据,造成误差的因素是较为复杂的,由测试仪器、试验条件、试验方法、操作技能、土层的不均匀性等所引起。对此应有基本估计,并剔除异常数据,提高测试数据的精度。静力触探在软硬地层的界面上,有超前和滞后效应,应予以注意。

5.2.8.2 载荷试验是在软土原位,用一定尺寸的承压板,施加竖向荷载,同时观测承压板沉降,测定软土的承载力和变形特性。由于是在软土原位进行试验,原理明确,成果准确可靠,是软土层中最理想的原位测试方法,并以载荷试验成果作为其他原位测试的对比依据。

5.2.8.3 静力触探试验是用静力匀速将标准规格的探头压入土中,同时量测探头阻力,测定土的力学特性,具有勘探和测试双重功能,是浙江省内最常见的原位测试手段;孔压静力触探试验除静力触探原有功能外,在探头上附加孔隙水压力量测装置,用于量测孔隙水压力的增长和消散。试验前应对探头测力传感器连同仪器、电缆进行标定,标定合格后方可进行试验。

贯入速率要求匀速,贯入速率(1.2 ± 0.3)m/min 是国际通用的标准,试验过程中应严格控制贯入速率进行试验。

贯入读数间隔一般采用0.1m。当贯放深度超过30m或穿过软土层贯入硬土层后,应有测斜数据;当偏斜度明显时,应校正土层分层界线。

利用静力触探锥尖阻力可以估算软土的不排水抗剪强度,公式如下:

$$S_c = 0.0485 \cdot q_c \qquad (q_c < 600\text{kPa})$$

$$S_c = 0.0445 \cdot q_c \qquad (600\text{kPa} < q_c < 1\,200\text{kPa})$$

5.2.8.4 十字板剪切试验是用插入土中的标准十字板探头,以一定的速率扭转,量测土破坏时的抵抗力矩,测定土的不排水抗剪强度。试验前应对十字板头连同仪器、电缆进行标定,标定合格后方可进行试验。

试验点间距规定为1m,并绘制不排水抗剪强度—深度变化曲线。当土层随深度的变化复杂时,可根据静力触探成果和工程实际需要,选择有代表性的点布置试验点,不一定均匀间隔布置试验点,遇到变层,要增加测点。

扭转剪切速率宜采用$(1° \sim 2°)/10$s,并应在测得峰值强度后继续测记1min。扭转剪切速率不宜过快或过慢，以免成果资料失真。在测试完峰值强度或稳定值后，顺扭转方向连续转动6圈后，测定重塑土的不排水抗剪强度。根据原状土与重塑土不排水抗剪强度的比值可计算灵敏度，评价软土的触变性。

5.2.8.5 旁压试验是用可侧向膨胀的旁压器，对钻孔孔壁周围的土体施加径向压力的原位测试，根据压力和变形关系，计算土的模量和强度。应在有代表性的位置和深度进行，旁压器的量测腔应在同一土层范围内，试验点的垂直间距应根据地层条件和工程要求确定，但不宜小于1m，试验孔与已有钻孔的水平距离不宜小于1m。

预钻式旁压试验应保证成孔质量，钻孔直径与旁压器直径应良好配合，防止孔壁坍塌；自钻式旁压试验的自钻钻头、钻头转速、钻进速率、刃口距离、泥浆压力和流量等应符合有关规定。

5.2.8.6 波速测试目的，是根据弹性波在土体内的传播速度，间接测定土体在小应变条件下（$10^{-4} \sim 10^{-6}$）的动弹性模量。试验方法有跨孔法、单层法和面波法。目前浙江省内的工程勘察中常用单孔法（当地层变化较大时，宜使用跨孔法），且应使套管与地层之间密贴，可采用灌注泥浆或其他措施。

5.2.9 对采取的原状土样品应及时进行室内试验，以避免较长期放置导致水分的流失与蒸发。并强调：建立工地试验站；样品存放期不宜超过3d；夏季的原状样品应挖坑放置；冬季的原状样品，严防受冻等。

室内试验应以现场和工程的具体条件为依据，以测试所得的实际成果为基础，以数理统计为手段，以土力学的基本理论为指导，注意区别不同条件、不同要求，采用不同方法。

5.2.10 资料整理是工程地质勘察的一项重要环节。对收集的资料、工程地质调查测绘成果、钻探原始记录、原位测试数据及室内试验成果进行详细整理分析，对比验证，保证资料齐全、数据准确，是编制工程地质勘察报告的必备条件。

原始资料是岩土工程分析评价和编写成果报告的基础，加强原始资料的编录工作是保证勘察成果质量的基本条件。近些年来，经常发现外业勘探测试工作做得不少，但由于对原始资料的编录、检查、整理、分析和鉴定不够重视，因而不能如实反映实际地质情况，甚至造成假象，导致分析评价的失误。因此，在编写成果报告之前，一定要对岩土工程分析所依据的所有原始资料全部进行整理、检查、分析、验证，认定无误后方可使用。

本条提出了对成果报告编制的基本要求，具体勘察时，可根据任务要求、项目性质、软土特点、试验方法、地基处理方式等提供专题报告。

6 浅层处理

6.1 一般规定

6.1.1 浅层处理是将路堤底面下一定深度范围内的软土层利用人工或机械清除并分层置换强度较高的砂砾、碎石、水泥稳定土、石灰稳定土等材料，或利用专业机械设备就地加固，或结合加筋、设置褥垫等方式，并压实至要求的密实度。浅层处理的目的是提高承载力、增强路堤稳定性、减少地基沉降。浅层处理深度多在地表下 0.3 ~ 2m 之间，置换在 3m 以内，但随着施工机械能力的提高，有进一步加深的趋势。

低填路基一般指填土高度在 2m 以内的路基。浅挖路基指挖深较浅，且开挖后地基土质软(为强风化土质或软土)、含水率高，有地下水不良影响的路基。低填、浅挖路基：通常当地下水位高时，路基一般处于潮湿状态，若不加以处理，路床 CBR 值难以满足《公路路基设计规范》(JTG D30)的要求，同时路面结构层以下土基回弹模量值也难以满足《公路沥青路面设计规范》(JTG D50)的要求。

6.1.2 排水垫层，具有排水和隔水作用，还具有改善路堤及路基处理施工机械作业条件的作用。排水垫层的厚度以能保证不致因沉降发生缺失为宜，由试验和实际工程验证，取 50cm 厚的砂垫层是合适的。若工程所在地砂源紧缺，可改用 30cm 厚的砂垫层加一层渗水土工布组成，或做成砂沟 + 土工合成材料处理形式(如图 6-1 所示)。为利于排水，砂垫层应略宽于路堤底宽，一般在路堤外侧各伸出 50 ~ 100cm。

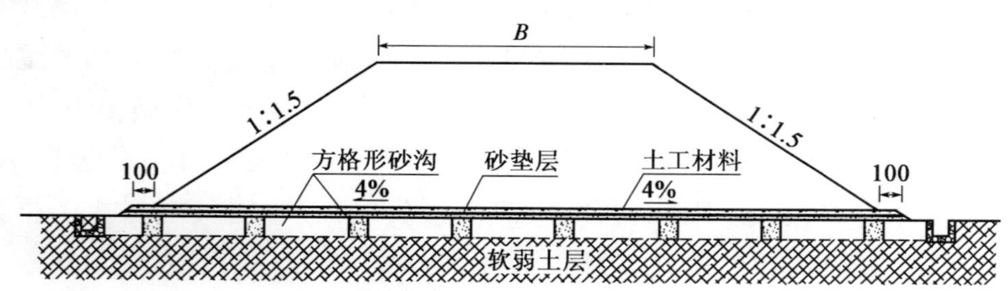

图 6-1 排水垫层处理示意图(尺寸单位：cm)

浅层置换、浅层加固的处理厚度不宜大于 3.0m，对低填路段，若软土厚度较大(大于 3.0m)，可采取局部置换或加固的处治措施，如图 6-2 所示。稳定性不足时，可在路基底部铺设土工材料，以确保路基的稳定性。

对河塘、滩地及常年积水的洼地，表层无硬壳层、软土液性指数大、厚度较薄时，也可采用抛石挤淤的方法处理。在山区公路沟谷地形的软土地基，有时也采用换填后抛石挤淤的方法处理。一般先挖除软土地基表层 50 ~ 100cm 的软土地基，然后填筑大粒径石料，用重型振动压路机碾压密实，直到无明显轮迹，振动挤淤的效果应通过现场试验确定。

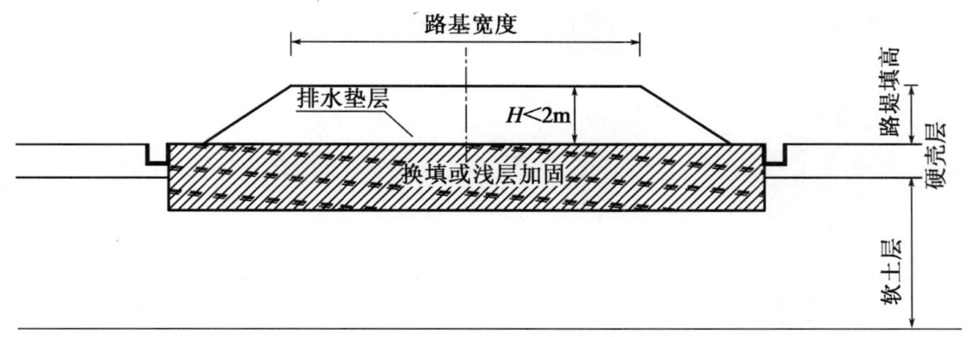

图 6-2　部分置换(加固)处理示意图

浅层加固法一般采用就地搅拌或集中拌和再运到现场摊铺碾压并养生的施工方法。就地搅拌施工工艺流程如图 6-3 所示。

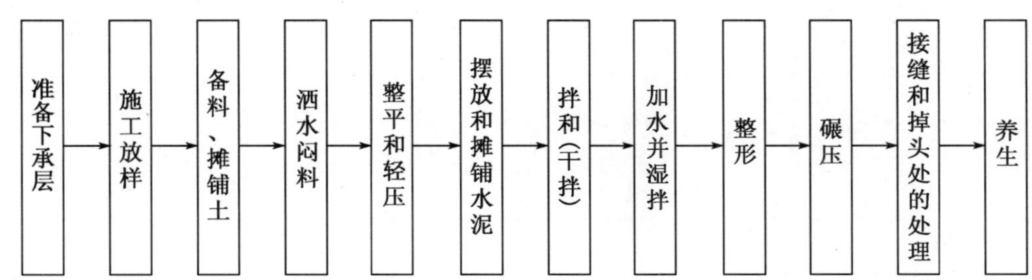

图 6-3　就地搅拌施工工艺流程图

集中拌和时,应符合下列要求:

(1)土块应粉碎,最大粒径不得大于 15mm。

(2)配料应准确,拌和应均匀。

(3)含水率宜略大于最佳值,使混合料运到现场摊铺后碾压时的含水率不小于最佳值。

(4)不同粒级的碎石或砾石以及细集料(如石屑和砂)应隔离,分别堆放。

浅层加固法还可以采用浅层复合地基法,采用小间距水泥搅拌桩,进行浅层搅拌,形成表层硬壳层,桩深为浅层加固深度。

日本针对浅层加固法已研发出不同规格的机械设备,现场将软土与固化剂混合并形成表层硬壳层,因采用专用机械施工,速度快,从收集的资料来看,其整体性好,强度较高,工后沉降可满足设计要求。浅层加固法对深厚软土地基上低路堤的处理具有现实意义,应在工程实践中予以探索。

6.2.2　砂砾或碎石的级配可按表 6-1 选用。

表 6-1　砂砾(碎石)级配表

垫层材料	通过以下筛孔(mm)的质量百分率(%)											液限(%)	塑指(%)
	53	37.5	31.5	26.5	19	16	9.5	4.75	1.18	0.6	0.075		
碎石		100	85~100	65~85		42~67	20~40	10~27	8~20	5~18	0~10	<25	<8
砂砾	100		90~100		60~85			30~50		8~25	0~5	<25	<8

6.2.4.1~6.2.4.4　浅层处理的设计应满足地基承载力和变形的要求。合理确定置换层、加固土层的厚度是设计的主要内容。对于浅层软土厚度不大的工程,应置换掉全部软

土。对需部分置换的软土层,应根据垫层底的附加应力、自重应力和垫层下卧层的承载力通过计算确定。

确定置换层、加固土层的底面宽度时,除应满足应力扩散的要求外,还应考虑回填层应有足够的宽度及侧向土的强度条件,防止回填层材料侧向挤出而增大回填层的竖向变形量。

在缺乏资料时,各填筑材料的承载力可按表 6-2 确定。

表 6-2　各填筑材料的承载力参考值

置换材料类别	承载力标准值 f_{ak}(kPa)
碎石、卵石	200 ~ 300
砂夹石(其中碎石、卵石占总重的 30% ~50%)	200 ~ 250
土夹石(其中碎石、卵石占总重的 30% ~50%)	150 ~ 200
中砂、粗砂、砾砂	150 ~ 200
黏性土和粉土($8 < I_p < 14$)	130 ~ 180
石灰稳定土	200 ~ 250
石屑、粉煤灰	150 ~ 200
矿粉	200 ~ 300

6.2.4.5　低填、浅挖路基处理,可根据当地经验或对加固层进行配合比试验,取得相应的 CBR 参数、抗压模量值,以保证路床 CBR 值满足《公路路基设计规范》(JTG D30)的要求。

6.3　施工要求

排水垫层及置换的施工方法一般可分为机械碾压法、重锤夯实法和振动压实法三种。

机械碾压法是采用压路机、推土机、羊足碾、振动碾或其他压实机械来压实地基土。重锤夯实法是用起重机械将重锤提升到一定高度,然后自由落锤,不断重复夯击以加固地基,一般适用于地下水位距地表 0.8m 以上稍湿的黏土、砂土、杂填土和分层填土。重锤表面夯实的加固深度一般为 1.2 ~2.0m。振动压实法是利用各种振动机械来处理无黏性土或黏粒含量少、透水性较好的松散杂填土路基。

水泥稳定土、石灰稳定土宜采用平碾、振动碾或羊足碾;砂砾、碎石宜采用振动碾;粉煤灰宜采用平碾、振动碾、平板振动器、蛙式夯;矿渣宜采用平碾、平板振动器,也可采用振动碾。

7 土工合成材料加筋

7.1.1 在软土地基处理中,为了提高路堤的稳定性、扩散荷载应力、减少不均匀沉降,宜在路堤下部增加土工合成材料予以加筋。大量试验研究以及工程实践证明,采用土工合成材料加筋可以充分利用其良好的抗拉强度及筋带与土的摩擦力,约束地基浅层软土的侧向变形,均化应力分布,从而可以提高地基承载能力和稳定性,减少差异沉降,成为提高软土地基路堤安全稳定的重要手段之一。

若路堤整体稳定性严重不足,应以地基处治为主,土工合成材料加筋处治作为补强辅助手段。对于软土指标较差的深厚软基地段,以及傍山、沿河等高路堤路段,单纯靠土工材料加筋难以保证路堤的安全,故应在地基加固处理的基础上综合考虑加筋作用。

土工合成材料不得应用于强碱、强酸的环境内,不与周围的填料、原土、水、气等介质发生化学或生物反应。目前使用的加筋类土工合成材料主要由化工纤维、塑料等高分子材料组成,其使用寿命对环境有较大的依赖性和相关性,应避免设置于强酸和强碱类环境以及容易受其他化学物质、生物侵蚀的环境。

7.1.2 土工合成材料品种多,选用基材复杂,制造工艺差别也较大;目前用于地基加筋的土工合成材料主要包含有纺土工布、土工格栅、土工格室三大类。

(1)编织土工布:是由两组平行细丝或纱按一定方式交织而成的织物,具有一定抗拉强度,主要还有隔离、反滤、排水的作用,如图7-1所示。

(2)复合土工布:一般采用土工织物与不同的合成材料芯材复合而成。抗拉强度高于编织土工布,同时仍保留了透水、反滤等排水功能,如图7-2所示。

图7-1 编织土工布

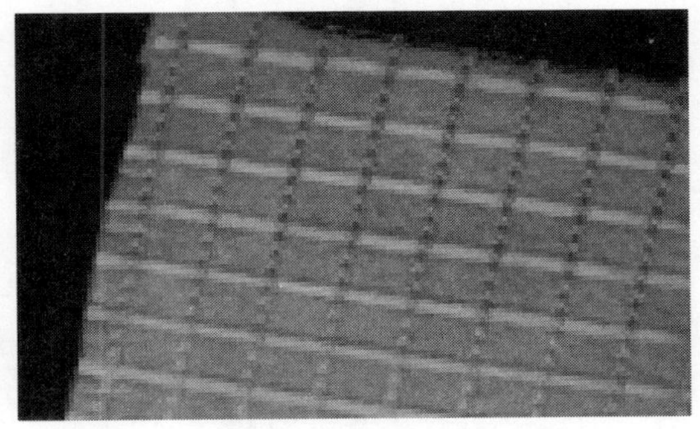

图7-2 复合土工布

(3)塑料土工格栅:分为单向拉伸和双向拉伸两种类型,如图7-3、图7-4所示,由聚丙烯或其他高分子材料通过挤出过程,然后再单向或双向拉伸形成。

(4)经编土工格栅:一般指采用高强度涤纶工业长丝,通过经编定向织造网格坯布,经涂覆加工而成的土工格栅,如图7-5所示。

图 7-3　单向塑料土工格栅

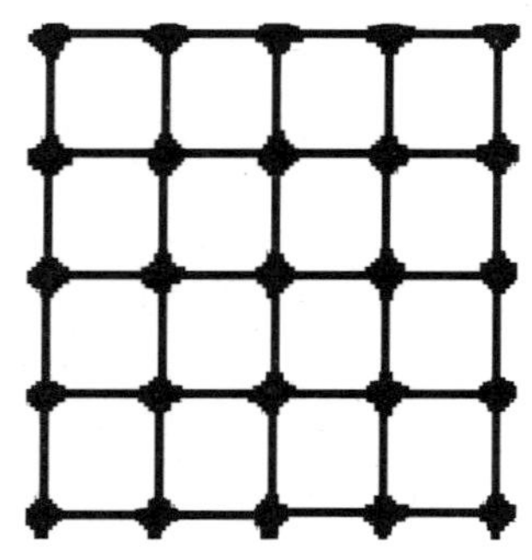

图 7-4　双向塑料土工格栅

(5)玻纤土工格栅:以玻璃纤维无碱无捻粗纱为主要原料,采用一定的编织工艺制成的网状结构,并经过特殊的涂覆处理工艺而形成的土工材料,如图 7-6 所示。虽然其抗拉强度高,延伸率低,但抗折性能差,易脆断,不得用于软土路堤加筋。

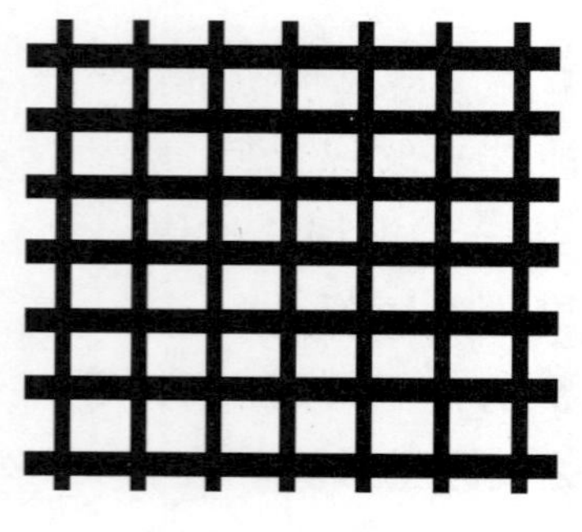

图 7-5　经编土工格栅

图 7-6　玻纤土工格栅

(6)整体式钢丝土工格栅:为采用高强度钢丝焊接后表面镀塑防腐处理而形成的具有开孔网格、高强度、小延伸率的平面网状材料。

(7)钢塑土工格栅:将均匀排列的碳素弹簧钢丝用聚乙烯加抗老化剂包裹形成表面压纹的肋带,并把肋带经、纬编织焊接而形成的网状加筋固土材料,如图 7-7 所示。

(8)土工格室:是由高强度的 HDPE 宽带,经过强力焊接而形成的一片网关格室结构。运输时可缩叠起来,使用时张开并经充填后形成较大刚度的三维结构体,如图 7-8 所示。

图 7-7　钢塑土工格栅

图 7-8　土工格室

编织、复合土工布除了加筋作用外,还兼有反滤、排水功能,因此常用于塑料排水板、砂井处理的顶部垫层中,降低外排淤泥颗粒对砂砾垫层的阻隔影响。

以往由聚丙烯(PP)、聚乙烯(PE)材料制成的塑料土工格栅具有强度偏低、延伸率偏大,以及蠕变性、抗老化性能较差的弱点,目前一般采用由 HDPE 高密度聚乙烯或高强聚酯(涤纶)生产的高强土工格栅。

整体式钢丝土工格栅充分利用高强、高模量钢丝(筋)的特点,使其有效均衡应力分布,降低不均匀沉降,较适用于高填方、桩承式加筋路堤。

钢塑土工格栅也具有强度较高、延伸率低的优点。但如果实际施工中对铺设、填料控制不够严格、精细,则容易导致内封细钢丝外露锈蚀,影响长期耐久性。

土工格室能充分发挥其较大刚度的三维格室结构特点,改善加筋层上下一定区域的整体刚度与应力分布,明显提高地基承载力。

表 7-1 为常见土工材料的主要技术指标,可供参考。

表 7-1 常见土工材料的主要技术指标一览表

类 型	极限抗拉强度(kN/m)	极限延伸率(%)	节点强度(kN)	CBR 顶破强度(kN)	蠕变性
编织土工布	20～100	12～30		1.2～7.5	较大
经编复合土工布	40～80	4～20		1.75～1.95(梯形撕裂)	较小
单向塑料土工格栅	45～80	≤12～15	较高		较大
双向塑料土工格栅	15～40	≤16～20	一般		大
经编土工格栅	30～150	≤15	一般		较大
玻纤土工格栅	20～120	≤4	较高		极小
普通土工格室	≥23MPa	≥300	一般		大
高强土工格室	≥150MPa	≤10	较高		一般
整体式钢丝土工格栅	≥100	≤3	高		极小
钢塑土工格栅	30～150	≤3	一般		较小

7.2.1 土工合成材料的主要技术指标见表 7-2。

表 7-2 土工合成材料主要技术指标

名 称	注 释
抗拉强度	根据路堤稳定性需要的拉力确定
延伸率	对应于抗拉强度的每延米伸长比率
焊接(缝接)强度	焊接或接缝处抗剥离强度
界面摩擦系数	与土或路堤填料的摩擦系数
耐久性	使用环境下的化学或生物衰减程度

7.2.1.1、7.2.1.2 相比填土而言,加筋土工布或土工格栅具有相对较高的抗拉强度和拉伸模量,通过与土的摩擦可限制侧向变形,优化受力状态,提高加筋复合体及地基的承载力,因此,抗拉强度、延伸率、界面摩擦系数是加筋用土工材料的主要控制指标。由于土工织物的界面摩擦特性比土工格栅差,因此,单纯用于加筋目的时,宜优先选用土工格栅。

7.2.1.3 为提高加筋效果,优化加筋体锚固长度,增加立体加固的围压受力,根据浙江省多年实际应用效果,一般要求加筋土工布或土工格栅回折入上一填料层不小于2m,如图 7-9 所示。

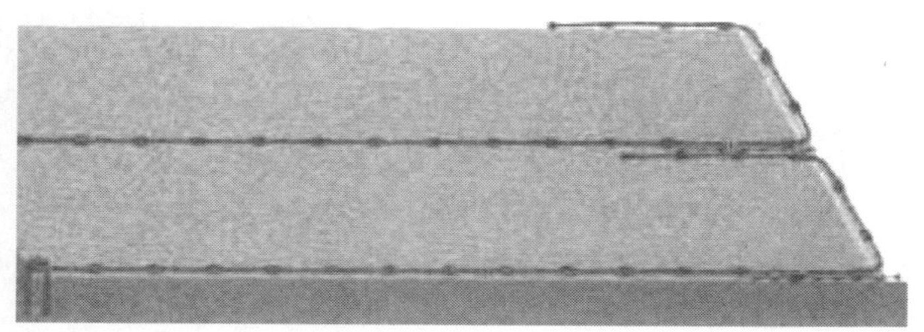

图 7-9　土工合成材料回折示意图

7.2.1.4、7.2.1.5　设计抗拉强度一般以某一应变量对应的强度作为标准；国外大多取应变量 5% 时的拉力作为设计值，当然也有采用 10% 应变量时拉力作设计值的例子，也没有发生过大的变形。目前在国内岩土工程中大量使用土工格栅中的双向格栅及单向格栅，国标及部颁标准对它们的延伸率指标都是有严格要求的，双向延伸率最大不能超过 16%，单向延伸率最大不能超过 10%，强度指标最小也要大于 20kN/m，现行《公路土工合成材料应用技术规范》(JTJ/T 019)采用 10% 的应变量控制。考虑到目前土工合成材料配方及生产工艺的提高，低应变的土工材料大量出现，结合浙江省多年应用实践，确定设计抗拉强度对应延伸率为 5%。

7.2.1.7　界面摩擦系数是土工合成材料的一个重要指标，一般均要求按照《公路工程土工合成材料试验规程》(JTG E50)进行实测。对于初步设计阶段，无试验资料时可参照经验值。该值是在参考了国内外材料试验的基础上简化得出的。

7.2.2　目前国内加筋路堤的稳定性计算很多规程上仍按"荷兰法"和"瑞典法"计算稳定系数，即在简单条分法抗滑力矩上增加一个加筋体在滑动面处的拉力所产生的抗滑力矩。差异只在于拉力方向不同，前者是沿滑弧的切线方向，后者是沿垫层方向；但两种方法对安全系数计算结果的差异不大，相比未加筋前的提高值一般在 3% ~5%。这往往与实际施工中路堤安全稳定的表现有一定偏差，或者说过于保守。不少学者通过理论分析、室内模型试验、现场试验及有限元分析，认为传统的圆弧滑动法没有充分考虑加筋后对地基应力的改善，以及筋土复合体整体刚度(模量)提高的贡献，并提出了"等效围压"、"薄膜理论"、"粗糙刚性基础"等概念，对加筋垫层的稳定贡献有了一些新的理解。

7.3　施工要求

7.3.1　为充分发挥土工合成材料的摩阻力和抗拉强度，加筋土工材料应尽量设置在具有良好级配、糙率的透水性垫层内。铺设土工合成材料的土层表面若有坚硬凸出物，容易顶破土工材料，从而使单位宽度的材料强度降低，因此，应强调施工中上下铺设基面的平整度，并要求剔除尖锐石料、凸起物等。

7.3.3　在铺设土工合成材料时，如有褶皱将影响效果的发挥。为保证工程质量，常采用插钉的固定方式，并通过小型设备或人力予以张紧，当然，也可采用其他有效的固定方法。

7.3.4 土工合成材料的两幅间拼接常采用绑扎、缝合、黏合的方法；对于土工格栅或土工网一般采用绑扎法，土工布类一般采用缝合或黏合法，土工格室常采用铆钉连接的方式；主要控制原则为保证联结处的强度不低于整幅材料的强度。

7.3.6～7.3.8 主要目的在于保证土工合成材料不致因机械施工而遭到损伤。有关施工方案的建议如图 7-10 所示。

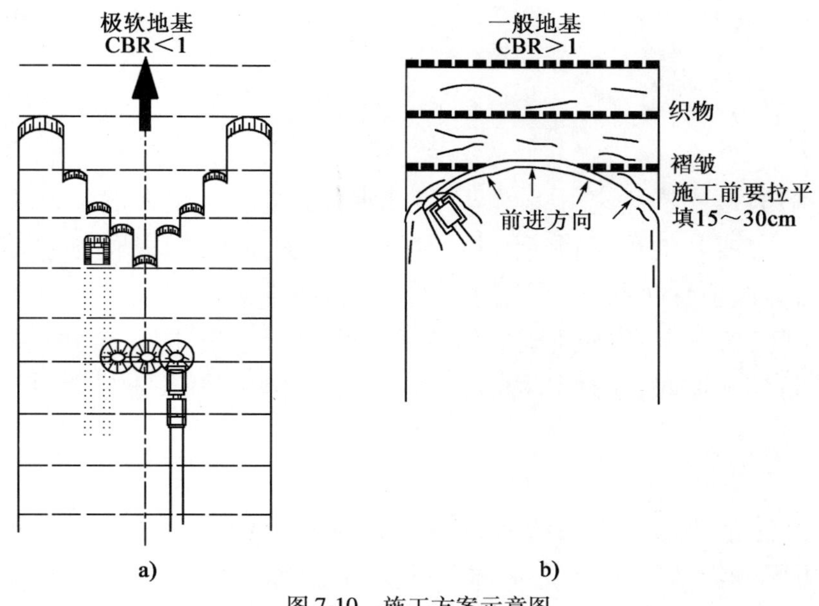

图 7-10 施工方案示意图

7.3.9 由于土工合成材料一般均由化工原料制造，在过高或过低的温度下，以及太阳暴晒下，会导致材料老化和物理力学性能的降低。虽然目前一些产品已经掺加了炭黑、抗老化剂，但为保证工程质量，在分析了目前施工技术水平的条件下，本次调整提高了相关要求。

8 排水固结法

8.1 一般规定

8.1.1 排水固结法是先在地基中设置竖向排水体,或直接在天然地基上铺设水平排水体,利用路堤填筑土方或其他荷载进行预压,使地基土逐渐固结,并使地基变形在预压期内基本完成。排水固结法应保证排水通道的畅通、足够的堆载和必要的预压时间。因土体固结需要有较长的时间,实际采用的预压期应在8个月以上。结构性较强(灵敏度>5)的软土,大面积打设竖向排水体时,土体结构容易破坏,土体的强度降低较大,且恢复时间较长,故不宜采用。

8.1.2 排水固结法主要由排水系统和加载系统两部分组成。排水系统一般由水平排水体和竖向排水体两部分组成。水平排水体目前常用砂砾垫层、塑料盲沟、宽幅塑料排水板等;竖向排水体目前常用塑料排水板、袋装砂井等。加载系统在公路中一般为路堤填筑堆载和抽真空加载,抽真空宜结合填筑土方联合加载,简称为真空联合堆载。按加载与路堤设计荷载的关系,又分为欠载预压、等载预压、超载预压。若预压荷载等于路基荷载与路面等效荷载之和,称为等载预压;若预压荷载大于路基荷载与路面等效荷载之和,称为超载预压;若预压荷载小于路基荷载与路面等效荷载之和,称为欠载预压。

8.2 设计

8.2.1 排水固结法设计所需的物理力学指标主要有固结系数、压缩系数、压缩模量、不排水强度指标、有效应力强度指标、次固结系数等,参见附录B。

8.2.2 排水固结法是浙江省高速公路中应用最为广泛的软土地基处理方法。排水固结法处理费用低、处理深度大,因浙江省多数为深厚软基,故被广泛应用。

排水固结法的竖向排水体目前多数采用塑料排水板,塑料排水板由具有竖向排水通道的塑料芯板和外覆透水滤膜两部分组成。其性能与质量应具有足够的通水能力和抗拉强度,并具有一定的弹性以满足储运、施工和原位条件下不被拉断、撕破、卷曲和压裂;滤膜应具有足够抗拉、撕破、顶破强度以及良好的渗透性和反滤性。

在杭甬高速公路中部分路段采用了袋装砂井。塑料排水板的厚度一般采用4.0~6.0mm,板的宽度一般为100mm,排水通量要求为35~70cm^3/s,打设间距一般为1.1~1.8m。板宽为15cm塑料排水板已在申苏浙皖高速的真空预压路段和申嘉湖高速公路中大量应用,在浙江省公路应用中最大打设深度为35m。袋装砂井的直径一般采用7~10cm,砂袋采用聚丙烯纺织布,砂料采用含泥量小于3%的中粗砂。从产品质量控制来说,袋装砂井因其需采取人工灌砂,其灌制质量不易控制,同时砂的质量亦较难控制;而塑料排水板采取工厂加工,产品质量容易控制,且目前塑料排水板的规格品种及其质量,均有较大的提高,在近几年浙江省的公路软基排水固结法处理中,一般均采用塑料排水板。

塑料排水板在浙江省公路的应用中,主要出现了如下问题:

(1)未打设至设计深度,其原因有二:①打设拔管时出现回带;②打设时有意偷工减料。

(2)塑料排水板本身质量较差,造成地基的预压效果不佳。这也是目前塑料排水板地基存在对于其打设深度没有有效的检测方法,因塑料排水板采用多次再生塑料的板芯以及克重和抗拉强度较低的滤膜,造成施工过程中板芯的断裂、扭曲和滤膜的破损等,达不到其排水固结的作用。

针对上述问题,浙江省于2000年开始应用可测深式黏合塑料排水板,基本原理为在塑料排水板内设置金属丝,打设后通过仪器测试塑料排水板内金属丝的电阻值。根据电阻值计算和检测塑料排水板的打设深度,已在杭甬拓宽工程、杭金衢等工程中应用,效果良好。目前排水板行业已出现比较成熟的电子导线测深技术,导线的成本低廉,对排水板的价格成本影响不大,而且工后可以在地面测量检验,并直接打印测量数据和测量的相关信息,测量数据无法更改,具有可靠性和实用性,操作简单易用。

当前塑料排水板生产企业的产品良莠不齐,质量差异很大,价格相差也很大,即使同一型号的排水板,其实际排水性能差异也很大。为保证工程质量,应选用质量稳定、信誉度高、规模大的产品。表8-1及表8-2为常用塑料排水板的性能指标表,可供参考。

表8-1 普通塑料排水板性能

性能	单位	型号						备注
		A	B	C	D	E	F	
断面形式		口琴式 城墙式	口琴式 城墙式	口琴式 城墙式	口琴式	口琴式	口琴式	
结构形式		滤套式	滤套式	滤套式	一体式	一体式	一体式	
宽度	mm	100	100	100	100	100	150	
厚度	mm	>3.5	>4	>4.5	4.5	5.5	5.5	
纵向通水量	cm^3/s	≥15	≥25	≥40	≥55	≥70	≥150	侧压力350kPa
抗拉强度	kN/10cm	≥1.0	≥1.3	≥1.5	≥2.0	≥2.5	≥3.5	延伸率10%时
滤膜干态纵向抗拉强度	N/cm	≥15	≥25	≥30	≥40	≥40	≥40	延伸率10%时
滤膜湿态纵向抗拉强度	N/cm	≥10	≥20	≥25	≥30	≥30	≥30	延伸率15%时
滤膜渗透系数	cm/s	$\geq 5\times10^{-4}$	$\geq 5\times10^{-4}$	$\geq 5\times10^{-4}$	9.4×10^{-2}	1.1×10^{-2}	1.1×10^{-2}	水中浸泡24h
滤膜等效孔径	μm	≤75	≤75	≤75	≤75	≤75	≤75	以O_{95}计

续上表

性 能	单 位	型 号						备 注
		A	B	C	D	E	F	
滤膜梯形撕裂强度(纵/横)	N				103/79	119/91	119/91	
顶破强度	N				345	457	457	
适宜打设深度	m	<15	<25	<35	>35	>45	>45	

表 8-2 可测深排水板性能

性 能	单 位	国产涤纶浸渍滤膜			进口纯涤纶纤维热轧滤膜			条 件
		A	B	C	A	B	C	
宽度	mm	100	100	100	100	100	100	
厚度	mm	3.5	4.0	4.5	3.5	4.0	4.5	
纵向通水量	cm^3/s	≥30	≥40	≥50	≥30	≥40	≥50	侧压力 350kPa
抗拉强度	kN/10cm	≥1.5	≥2.0	≥2.5	≥1.5	≥2.0	≥2.5	延伸率 10% 时
滤膜干态纵向抗拉强度	N/cm	≥20	≥25	≥30	≥40			延伸率 10% 时
滤膜湿态纵向抗拉强度	N/cm	≥15	≥20	≥25	≥45			延伸率 15%,水中浸泡 24h
滤膜渗透系数	cm/s	$\geq 5\times10^{-3}$			$\geq 5\times10^{-3}$			水中浸泡 24h
滤膜等效孔径	μm	<75			<90			以 O_{95} 计
滤膜梯形撕裂强度(纵/横)	N				80/70			延伸率 10% 时

8.2.7 竖向排水体的固结度一般参考以下公式计算:

(1)井阻因子 G

井阻因子 G 是影响竖向排水体地基固结效果的一个主要因素,其值按式(8-1)计算。

$$G = \frac{K_h}{K_v}\left(\frac{H}{d_w}\right)^2 \tag{8-1}$$

式中:K_v、K_h——分别为地基竖向渗透系数和水平向渗透系数;

H——地基竖向排水距离。

对于塑料排水板也可采用式(8-2)计算井阻因子 G:

$$G = \frac{\pi}{4}\cdot\frac{K_h H^2}{q_w} \tag{8-2}$$

式中:q_w——塑料排水板的实际通水能力(cm^3/s),按式(8-3)和式(8-4)计算。

$$q_w = \frac{q'_w}{F_s} \tag{8-3}$$

$$F_s = F_1 \times F_2 \times F_3 \times F_4 \times F_5 \tag{8-4}$$

式中：q'_w——塑料排水板的产品试验测定的通水能力(cm^3/s)；

F_1——滤膜弹性变形进入芯体空间的安全系数，为1.5~2.5；

F_2——滤膜和芯体蠕变影响的安全系数，为1~2.5；

F_3——化学淤堵影响的安全系数，为1~1.2；

F_4——生物淤堵影响的安全系数，为1~1.2；

F_5——排水体打入后产生扭曲和弯曲的安全系数，为1~4。

当井阻因子 $G<0.1$ 时，井阻对固结效果的影响甚微，可忽略其影响。

(2)涂抹因子 J

涂抹作用对固结效果的影响用涂抹因子 J 来表示，按式(8-5)计算。

$$J = \left(\frac{K_h}{K_s} - 1\right)\ln\lambda \tag{8-5}$$

式中：λ——涂抹比，$\lambda = \dfrac{d_s}{d_w}$；

d_s——竖向排水体的涂抹区直径；

K_s——涂抹区的水平向渗透系数，宜用扰动土测定。

涂抹区的范围与施工打入方式和导管的形状及大小等有关，涂抹比 λ 的范围一般为1.5~4.0。

涂抹区扰动土的渗透性比值与软土的结构和性质有关。当无试验资料时，可取渗透系数比 $K_h/K_s=1.5\sim8.0$，均质高塑性黏土取低值1.5~3.0，非均质粉质黏土取低值3.0~5.0，非均质结构性较强的可塑性黏土取5.0~8.0。

当 $J\leqslant0.4$ 时，可不考虑涂抹作用。

(3)改进的太沙基法

该方法的基本假定是：每一级荷载增量所引起的固结过程是单独进行的，和上一级或下一级荷载增量所引起的固结无关；每级荷载是在堆荷起讫时间的中点一次堆足的；每级荷载 p_i 在施工起讫时间 t_{i-1} 和 t_i 以内任何时间 t 的固结状态与 t 时相应的荷载增量(如图8-1中的 $\Delta p''$)瞬间作用下经过时间 $(t-t_{i-1})/2$ 的固结状态相同，时间 $t>t_i$ 时的固结状态和荷载 p_i 在施工时间 $(t_i-t_{i-1})/2$ 时瞬间作用下的情况一样；某一时间 t 时的总平均固结度等于该时每级荷载作用下的固结度的叠加。

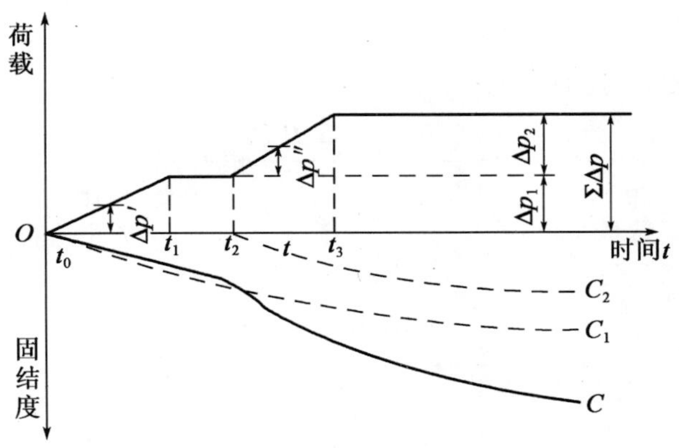

图8-1　二级等速加载的固结度和时间关系曲线

根据上述假定,对于二级等速加载的固结度和时间的关系曲线 C_1、C_2 可按式(8-6)~式(8-10)一次计算出修正后的总固结度曲线 C。

当 $t_0 < t < t_1$ 时, $$U'_t = U_{t\left(t-\frac{t+t_0}{2}\right)} \frac{\Delta p'}{\sum \Delta p_t} \tag{8-6}$$

当 $t_1 < t < t_2$ 时, $$U'_t = U_{t\left(t-\frac{t_1+t_0}{2}\right)} \frac{\Delta p_1}{\sum \Delta p_t} \tag{8-7}$$

当 $t_2 < t < t_3$ 时, $$U'_t = U_{t\left(t-\frac{t_1+t_0}{2}\right)} \frac{\Delta p_1}{\sum \Delta p_t} + U_{t\left(t-\frac{t+t_2}{2}\right)} \frac{\Delta p''}{\sum \Delta p_t} \tag{8-8}$$

当 $t_3 < t$ 时, $$U'_t = U_{t\left(t-\frac{t_1+t_0}{2}\right)} \frac{\Delta p_1}{\sum \Delta p_t} + U_{t\left(t-\frac{t_3+t_2}{2}\right)} \frac{\Delta p_2}{\sum \Delta p_t} \tag{8-9}$$

多级等速加载下修正后的固结度可依此类推归纳为:

$$U'_t = \sum_{i=1}^{n} U_{t\left(t-\frac{t_i+t_{i-1}}{2}\right)} \frac{\Delta p_i}{\sum \Delta p_t} \tag{8-10}$$

式中:t_i、t_{i-1}——分别为各级等速加载的起点和终点时间(d),当 t 在某一级等速加载的过程中时,取 $t_i = t$;

Δp_i——第 i 级等速加载的荷载增量(kPa),当 t 在某一级等速加载的过程中时,用该点的荷载增量;

$\sum \Delta p_t$——t 时 n 级荷载的累加(kPa)。

应用式(8-10)计算时,只要计算出一条瞬时加载的 U_t-t 关系曲线,就可方便地列表计算多级逐渐加载的固结度。

(4)改进的高木俊介法

该方法根据巴隆的理论解,考虑多级等速加载使砂井地基在辐射向和垂直向排水固结的条件下,推导得平均固结度计算式。该方法无须先计算瞬时加载条件下的地基固结度,再根据荷载情况进行修正,而是两者合并计算出修正后的平均固结度,见式(8-11)。

$$U'_t = \sum_{i=1}^{n} \frac{q_i}{\sum \Delta p_t} \left[(t_i - t_{i-1}) - \frac{\alpha}{\beta} e^{-\beta t} \left(e^{\beta t_i} - e^{\beta t_{i-1}} \right) \right] \tag{8-11}$$

式中:U'_t——t 时多级等速加载修正后的地基平均固结度(%);

q_i——第 i 级荷载平均加载速率(kPa/d);

$\sum \Delta p_t$——t 时 n 级荷载的累加(kPa);

t_{i-1}、t_i——分别为第 i 级等速加载的起点和终点时间(d),当 t 在某一级等速加载的过程中时,取 $t_i = t$;

α、β——参数,按表 8-3 取值。

表 8-3 α、β 值

参数 \ 排水固结条件	竖向排水固结 $U_V > 30\%$	径向排水固结	竖向和径向排水固结(砂井贯穿土层)	砂井未贯穿土层固结
α	$\frac{8}{\pi^2}$	1	$\frac{8}{\pi^2}$	$\frac{8}{\pi^2}Q$
β	$\frac{\pi^2 C_v}{4H^2}$	$\frac{8C_r}{F_n d_e^2}$	$\frac{\pi^2 C_v}{4H^2} + \frac{8C_r}{F_n d_e^2}$	$\frac{8C_r}{F_n d_e^2}$

注:$Q \approx H_1/(H_1 + H_2)$;$H_1$、$H_2$ 分别为排水体深度及其以下压缩土层厚度。

式(8-11)在推导过程中,竖向固结度 U_V 只取了太沙基一维固结理论解级数的第一项。当 $U_V>30\%$ 时,计算结果误差较小;当 $U_V<30\%$ 时,计算结果有一定误差。在实际工程中,排水体对渗流是有一定阻力的,同时在排水体的施工过程中,排水体周围的土体对排水体表面会产生涂抹作用。考虑井阻和涂抹作用的排水体(称为非理想井)的径向固结度应乘以折减系数,其一般取值为 0.80 ~0.95。

8.2.9 路堤稳定性一般按以下方法计算:

(1)有效固结应力法

该法考虑了软土地基路堤施工的实际情况,即路堤荷载并非瞬间填到设计高度,而是按照一定的施工速率逐渐填筑。其使用条件是:当遇到在强度很差的地基上需要修筑高路堤的情况时,可以按照这一计算模式对采取分期加载的方法逐渐使地基固结强度提高后的安全系数进行验算,以保证路堤填筑过程中的稳定满足要求。稳定安全系数计算式见式(8-12)。

$$F=\frac{\sum_A^B(c_{qi}L_i+W_{\mathrm{I}i}\cos\alpha_i\tan\varphi_{qi}+W_{\mathrm{II}i}\cos\alpha_iU_i\tan\varphi_{cqi})+\sum_B^C(c_{qi}L_i+W_{\mathrm{II}i}\cos\alpha_i\tan\varphi_{qi})}{\sum_A^B(W_{\mathrm{I}}+W_{\mathrm{II}})_i\sin\alpha_i+\sum_B^C W_{\mathrm{II}i}\sin\alpha_i} \tag{8-12}$$

式中:c_{qi}、φ_{qi}——地基土或路堤填料快剪试验测得的黏聚力和内摩擦角;

φ_{cqi}——地基土固结快剪试验测得的内摩擦角;

U_i——地基平均固结度,其余符号见图 8-2。

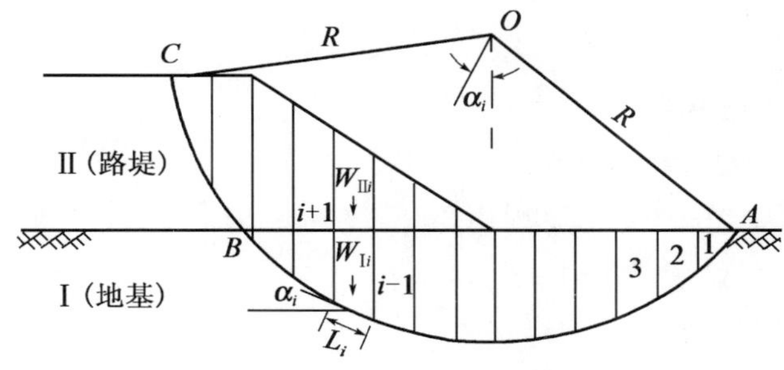

图 8-2 安全系数计算图式

(2)改进总强度法

该法是以 $\varphi=0$ 法为基础发展来的,它是基于 $\varphi=0$ 法利用原位测试资料[采用静力触探试验的贯入阻力(单桥探头)或锥尖阻力(双桥探头)换算的十字板抗剪强度或直接由十字板试验得到的抗剪强度],借用有效固结应力法计算地基强度随固结增加的思想,采用强度增长系数计算固结过程中强度的增量。其使用条件与有效固结应力法相同,但用的是原位测试资料。

采用该方法与静力触探试验相结合,为软土地基路堤稳定验算提供了一种高效可靠的途径。采用改进总强度法验算时,稳定安全系数计算式见式(8-13)。

$$F=\frac{\sum_A^B(s_{ui}+W_{\mathrm{II}i}\cos\alpha_iU_im_i)L_i+\sum_B^C(c_{qi}L_i+W_{\mathrm{II}i}\cos\alpha_i\tan\varphi_{qi})}{\sum_A^B(W_{\mathrm{I}}+W_{\mathrm{II}})_i\sin\alpha_i+\sum_B^C W_{\mathrm{II}i}\sin\alpha_i} \tag{8-13}$$

式中：S_{ui}——由静力触探试验的贯入阻力(单桥探头)或锥尖阻力(双桥探头)换算的十字板抗剪强度或直接由十字板试验得到的抗剪强度；

m_i——地基土层强度增长系数，按表 8-4 取值；

其余符号意义同前。

表 8-4 地基土层强度增长系数

土 名	描 述	m_i
泥炭	在潮湿和缺氧条件下，由未充分分解的喜水植物遗体堆积而形成的泥沼覆盖层；呈纤维状，深褐色至黑色；有机质含量大于 60%，含水率大于 300%，孔隙比大于 10	0.35
泥炭质土	喜水植物遗体大部分完全分解后形成的有臭味、呈黑泥状的细粒土；有机质含量在 10% ~60% 之间(尚可细分为弱泥炭质土、中泥炭质土、强泥炭质土)，含水率不超过 300%，孔隙比大于 3	0.20
有机质土	在多水环境下由不同分解的植被植物所组成的细粒土，其中混有矿物颗粒；有机质含量在 3% ~10% 之间，淤泥、淤泥质土属于此类	0.25
黏质土	塑性指数(76g 锥)大于 17 的土	0.30
粉质土	塑性指数(76g 锥)大于 10，但小于或等于 17 的土	0.25

(3)简化毕肖普法

$$F=\frac{\sum_{A}^{B}\{c_i'b_i+[(W_{\mathrm{I}}+W_{\mathrm{II}})_i-u_ib_i]\tan\varphi_i'\}/m_{\mathrm{I}\alpha i}+\sum_{B}^{C}(c_{qi}b_i+W_{\mathrm{II}i}\cos\alpha_i\tan\varphi_{qi})/m_{\mathrm{II}\alpha i}}{\sum_{A}^{B}(W_{\mathrm{I}}+W_{\mathrm{II}})_i\sin\alpha_i+\sum_{B}^{C}W_{\mathrm{II}i}\sin\alpha_i}\tag{8-14}$$

式中：$m_{\mathrm{I}\alpha i}=\cos\alpha_i+\tan\varphi_i'\sin\alpha_i/F$；

$m_{\mathrm{II}\alpha i}=\cos\alpha_i+\tan\varphi_{qi}\sin\alpha_i/F$；

c_i'、φ_i'——分别为地基土三轴试验测得的有效黏聚力和有效内摩擦角；

b_i——分条的水平宽度，即 $b_i=L_i\cos\alpha_i$；

u_i——滑动面上的孔隙水压力；

其余符号意义同前。

由于公式(8-14)右端 $m_{\alpha i}$ 中含有 F，所以安全系数计算需要采用迭代法。

(4)简布普遍条分法

$$F=\frac{\sum_{A}^{B}\{c_i'b_i+[(W_{\mathrm{I}}+W_{\mathrm{II}})_i-u_ib_i+\Delta T_i]\tan\varphi_i'\}/m_{\mathrm{I}\alpha i}/\cos\alpha_i+\sum_{B}^{C}(c_{qi}b_i+W_{\mathrm{II}i}\cos\alpha_i\tan\varphi_{qi}+\Delta T_i)/m_{\mathrm{II}\alpha i}/\cos\alpha_i}{\sum_{A}^{B}(W_{\mathrm{I}}+W_{\mathrm{II}}+\Delta T)_i\tan\alpha_i+\sum_{B}^{C}(W_{\mathrm{II}}+\Delta T)_i\tan\alpha_i}\tag{8-15}$$

式中：ΔT_i——土条两侧边界上的剪力增量，可以根据土条两侧边界上法向力作用点位置的假定计算出来；

其余符号意义同前。

因为公式(8-15)右端 $m_{\alpha i}$ 中含有 F，ΔT_i 计算过程中也含有 F，所以安全系数计算需要采用迭代法。

8.2.10 真空联合堆载预压法具有真空预压和堆载预压的双重效果，但又不完全等同于二者的简单叠加。堆载在土体中产生正的孔压,而抽真空形成的负压排水边界,致使土体排水能力增强,孔隙水压力消散加快,两者联合作用,大大加速了土中水的排出,使其加固效果要好于仅真空预压时的加固效果。为确保真空联合堆载预压充分发挥作用,本条规定对高速公路、一级公路联合预压时间不小于 4 个月,二级及以下公路联合预压时间不小于 3 个月。联合预压时间指真空预压时,路基初次填至预压设计高程至卸除真空所持续的时间。

8.3 施工要求

8.3.1 极限填筑高度取决于地基的特性(软土的性质和成层情况,硬壳层的厚度和性质)及填料的性质等,可按稳定性分析的结果确定。浙江省软土地区的极限填筑高度一般为 1.5 ~3m。

8.4 质量检验

根据对近几年来塑料排水板的应用情况调查发现,塑料排水板送检存在很多弊端,经常出现送检产品与工地材料不一样的现象,甚至送检产品不是自己厂家生产的现象,而检验单位只能做到对来样负责,工程中经常出现材料管理失控现象。当产品表面喷印有特定标志后,可从源头上防止偷梁换柱现象。喷印标志的间距至少应满足每个送检样品都能看到 2 ~3个喷印标志的要求,间距一般应为 200 ~500mm,不得大于 1m。

塑料排水板施工应利用其自身的插深检验装置(刻度和电子测深)作插深控制,确保塑料排水板实际插深达到设计要求。采用电子测深技术时,测量仪器应由计量单位标定,要求现场直接打印测量数值,杜绝人为修改测量数值的现象,确保施工质量。

9 水泥搅拌桩

9.1 一般规定

9.1.1

(1)当土样塑性指数 $I_p > 25$ 时,应特别注意采用搅拌桩加固这种土的可行性,这时土的黏性很强,极易在水泥土搅拌机的搅拌头形成一个大团,将严重影响水泥和土粒的均匀搅拌,也就无法提高这种土的强度。

(2)根据浙江省实际工程反馈信息,当搅拌桩深度超过10m时,其下部桩体强度难以达到设计要求,因此规定水泥搅拌桩处理深度不宜大于10m。当软土层深度超过10m时,宜选用桩身强度相对均匀的双向搅拌工艺。

9.1.2

双向搅拌工艺采用同心双轴钻杆,在内钻杆上设置正向旋转叶片并设置喷浆口,在外钻杆上安装反向旋转叶片,通过外杆上叶片反向旋转过程中的压浆作用和正反向旋转叶片同时双向搅拌水泥土的作用,阻断水泥浆上冒途径,把水泥浆控制在两组叶片之间,保证水泥浆在桩体中均匀分布和搅拌均匀,确保成桩质量。

双向搅拌工艺对现行水泥土搅拌桩成桩机械的动力传动系统、钻杆以及钻头进行改进,采用同心双轴钻杆,在内钻杆上设置正向旋转叶片并设置喷浆口,在外钻杆上安装反向旋转叶片,通过外杆上叶片反向旋转过程中的压浆作用和正反向旋转叶片同时双向搅拌水泥土的作用,阻断水泥浆上冒途径,保证水泥浆在桩体中均匀分布和搅拌均匀,确保成桩质量。

该方法施工方便、操作简单,其优点主要有:

(1)利用常规设备加工改进,易于推广。

(2)通过上层叶片的同时反向搅拌,阻断浆液上冒途径,不会出现冒浆现象。

(3)保证水泥土搅拌桩体中的水泥掺入量,提高水泥分布均匀性。

(4)正反向旋转叶片同时双向搅拌,保证水泥土充分搅拌均匀,确保成桩质量。

(5)由于正反向叶片同时旋转、切割、搅拌土体,把现有工法的四搅两喷改变为该工法的两搅一喷,使工效提高一倍以上。

(6)由于正反向叶片同时旋转、切割、搅拌土体,在黏性土中施工时可防止在钻头上形成土团并与钻头同心转动。

设备图示见图9-1、图9-2。

以下为一工程实例,试验段桩长10m,掺灰比为14%,桩径为500mm。取芯无侧限抗压强度试验检测结果表明，桩身完整性较好，自上而下桩身强度差异性小，搅拌均匀度大大提高，如图9-3、图9-4所示。

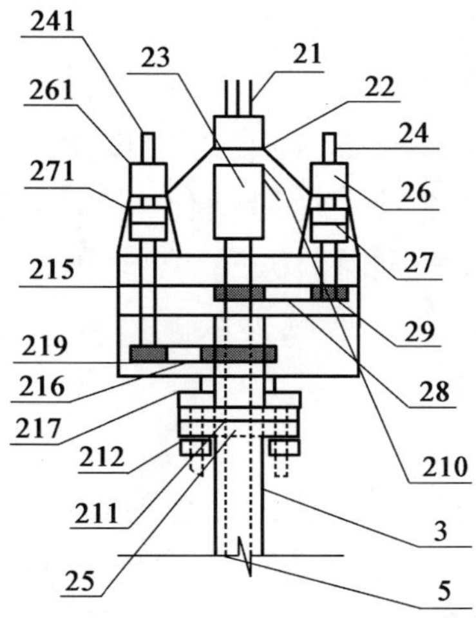

图9-1 双向搅拌桩机动力传动系统示意图

3-外钻杆;5-内钻杆;21-钢丝绳;22-滑轮组;23-水接头;24-内钻杆电动机;241-外钻杆电动机;25-外钻杆动力传动系统连接法兰;26-内钻杆减速器;261-外钻杆减速器;27-内钻杆连接器;271-外钻杆连接器;28-内钻杆动力传动链条;29-内钻杆动力齿轮;219-外钻杆动力齿轮;210-注浆管;211-内钻杆动力传动系统连接法兰;212-连接螺母;215-内钻杆动力传动齿轮;216-钻杆动力传动齿轮;217-连接螺栓

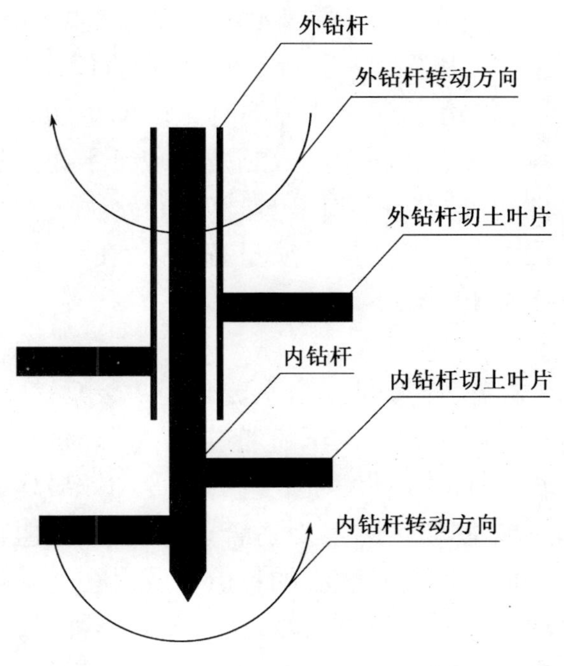

图9-2 双向搅拌桩机钻头示意图

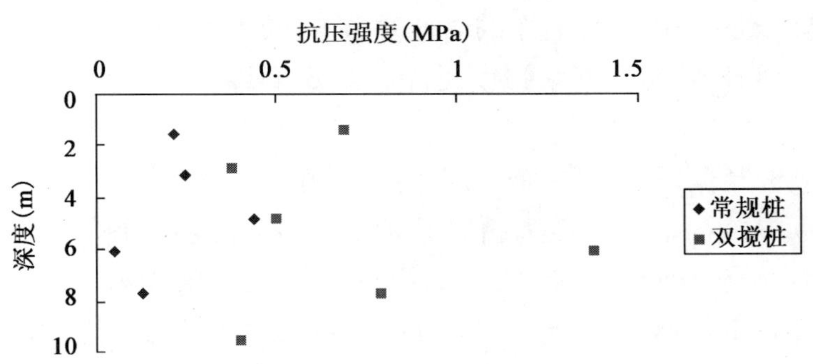

图9-3 常规桩与双搅桩芯样无侧限抗压强度对比图

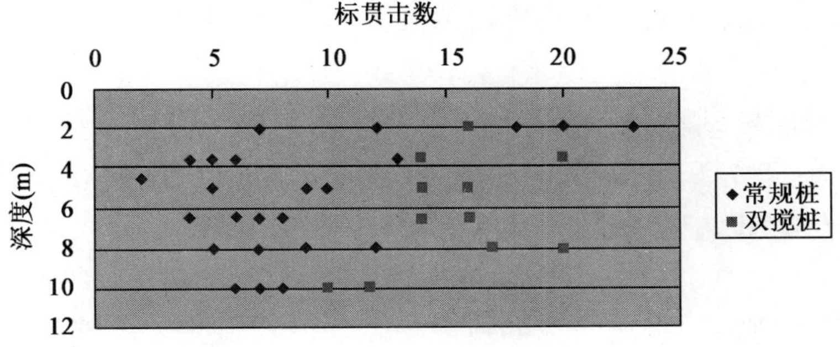

图9-4 常规桩与双搅桩标贯试验对比图

注:普通工艺施工的水泥土搅拌桩的龄期为35天;搅拌工艺施工的水泥土搅拌桩的龄期为28天;10m深度为原状土。

通过试验充分说明:

(1)双搅工艺能够保证水泥浆在桩体中的掺入量,不会出现冒浆现象。

(2)能够保证桩身水泥土充分搅拌均匀,确保成桩质量和桩身质量。

(3)由于解决了施工过程中的冒浆问题,使水泥土搅拌桩的应用范围扩大。

(4)由于双向叶片同时正反向旋转、切割、搅拌土体,使工效提高1倍以上。双向水泥土搅拌桩的材料费和人工费与现行水泥土搅拌桩相比没有发生任何变化,但双向水泥土搅拌桩的机械费用和用电量和现行水泥土搅拌桩相比,分别增加了10% ~15%和50%。双向水泥土搅拌桩的成桩质量有保证,在设计时可适当加大桩间距或减少水泥掺入量,因而总造价基本不变。

9.2.2 浆喷桩是将水泥浆用灰浆泵输送到搅拌机的中心管输出,与经搅拌的软土拌和,粉喷桩则是将水泥干粉通过深层搅拌机空心钻杆的喷灰口喷出,与地基深处已被钻头搅拌的软土拌和。浆喷桩处理的深度和效果均好于粉喷桩,但含水率较大时不太适合;粉喷桩因不向地基增加水分,更适合于饱和软土,但粉尘污染较大。

根据浙江省软土的特点以及以往地基处理的经验,对含水率在30% ~50%之间的软土处理宜采用浆喷桩,含水率大于50%宜采用粉喷桩或经试验确定。该界限并不是绝对的,应根据实际工程情况,通过工程试验选择合理的桩型。

9.2.3 根据浙江省交通规划设计研究院对水泥搅拌桩水泥土室内无侧限抗压强度试验研究表明,对水泥搅拌土无侧限抗压强度影响最大的是:最后一天养护方法、水灰比、土的天然含水率及试件成型方法等。试验结果表明,水灰比越大,试样的平均强度呈现下降的趋势;土样的无侧限抗压强度受天然土样的含水率影响较大,含水率相差10%,7天不饱水强度可相差0.19MPa,28天强度不饱水强度可相差0.30MPa。

9.2.7.5 关于单桩竖向承载力特征值 R_a 计算式中的 α 和 η

式(9.2.7.5-1)中桩端地基承载力折减系数 α 取值与施工时桩端施工质量及桩端土质条件有关。当桩端为较硬土层时取高值。如果桩底施工质量不好,水泥搅拌桩没能真正支撑在硬土层上,桩端地基承载力不能充分发挥,这时 α 取0.4;反之,当桩底质量可靠时,α 取0.6,通常取0.5。

式(9.2.7.5-2)中加固土强度折减系数 η 是一个与工程经验以及拟建工程的性质密切相关的参数。目前在设计中对于粉喷桩可取0.2 ~0.3,浆喷桩可取0.25 ~0.33。

9.3.2 施工前的成桩试验非常重要,根据工程经验,以下机械参数供参考:钻进速度 v 小于1.0m/min;提升速度为0.4 ~0.7m/min;搅拌转数 r =30 ~50转/min;钻进、复搅、提升时管道压力为0.1 ~0.2MPa;喷浆时管道压力为0.25 ~0.40MPa。

9.3.3 水泥搅拌桩施工一般按照“四搅两喷”程序进行,主要步骤如下:

(1)搅拌机械就位调平;

(2)预先搅拌下沉至设计加固深度;

(3)边喷浆液(粉)边搅拌提升至桩顶以上500mm高;

(4)重复搅拌下沉至设计加固深度;

(5)喷浆(粉)并重复搅拌提升至桩顶以上500mm高;

(6)施工完一根桩后,移动桩机至下一根桩位,重复以上步骤进行下一根桩的施工。

9.4 质量检验

(1)设计采用90d龄期无侧限抗压强度作为标准强度,而钻探取芯和静载试验检测一般是在成桩28天后进行,两者的换算关系可参考《公路路基设计规范》(JTG D30—2004)条文说明中表7-2内容。

(2)关于水泥搅拌桩检测和补桩规定的细化

现行相关规范对于水泥搅拌桩检测和补桩的问题没有详细规定,浙江省交通规划设计研究院对实际公路工程施工控制过程总结出一套细化规定,具体如下:在水泥搅拌桩检测和补桩的过程中,首先应保证抽检覆盖面具备代表性,否则需扩大范围进行抽检。当检测不合格率≤30%时,应对不合格桩进行等量补桩,补桩位置在不合格桩旁;当不合格率>30%时,可对代表路段增加频率至6%进行复检,如复检不合格率仍>30%,则对整个抽检代表路段按所打设的总桩数进行补桩,补桩位于原三角形布置桩位的中间;如复检不合格率≤30%时,则对不合格桩进行等量补桩。

10 桩承式加筋路堤

10.1.1 桩承式加筋路堤是指在软土地基中按一定间距打设刚性桩，在桩顶端设置相应尺寸的桩帽(或称为托板)，并在桩帽顶面铺设土工合成材料加筋垫层，然后填筑形成的路堤，其由上部路堤、桩顶土工合成材料加筋垫层(水平加筋体)、桩及桩帽、桩间土层和下卧持力土层共同组成的体系。在国内，桩承式加筋路堤首先于1999年在沪杭甬高速公路一期拓宽工程(即红垦—沽渚段)中得到大规模的应用，与常规的排水固结法、搅拌桩复合地基等处理方法相比，桩承式加筋路堤具有施工方便、工期短、易于调节和控制地基沉降量、侧向变形小、对老路产生的影响小，而造价与水泥搅拌桩基本相当等突出优点。鉴于在沪杭甬高速公路一期拓宽工程应用中这些优点得到了充分体现，在该项目的二期和三期拓宽工程中得到了全面应用，同时在沪宁高速公路拓宽工程中得到大规模的应用，之后在国内新建高速公路上也得到大量的应用，如申苏浙皖高速公路(浙江段)、宁波至金华高速公路(宁波段)、甬台温高速公路(平阳段)、台州至缙云高速公路、京珠高速公路(广东段)、杭州至浦东高速公路、宁波绕城高速公路西段、杭州湾跨海大桥南岸和北岸连接线工程、申嘉湖杭高速公路(浙江段)、诸暨至永嘉高速公路等工程。在新建高速公路上，桩承式加筋路堤主要应用于处理软土较深厚的桥头、通道、涵洞等构造物相邻路段，以有效调整桥头等构造物相邻路段的不均匀沉降，解决桥头跳车的通病；在路基拓宽的软基路段，主要通过对拓宽路堤的沉降控制，减少对老路堤的影响；对设置挡墙的软基路段，控制挡墙稳定及与路基的变形协调。

10.1.3 桩作为桩承式加筋路堤体系中荷载的主要承担者，目前国内常用的桩型有：预应力管桩、钢筋混凝土预制方桩、圆形(异形)沉管灌注桩、大直径现浇混凝土薄壁筒桩、小直径钻孔灌注桩等。近几年来，随着国内高速公路的迅猛发展，预应力管桩因其质量可控、施工简便、造价适宜，在高速公路的软土地基处理中得到了广泛的应用。

根据工程条件和要求，如路堤高度、桩端持力层土类、地下水位、施工设备、施工环境、施工经验、制桩材料供应条件等，选择经济合理、安全适用的桩型和成桩工艺。须注意其应用条件，主要原则有：

(1)宜采用强度较高，易于保证施工质量的不挤土或少挤土的桩型，如预应力混凝土管桩、混凝土灌注桩、混凝土薄壁筒桩等。

(2)必须采取可靠的施工工艺，确保桩体质量，准确就位；防止打桩引起振动挤土作用，使桩体损伤破坏，桩体倾斜，折断，地面隆起，桩体上浮和向外位移等，使桩失去其应有的作用。

10.2.1 桩承式加筋路堤体系应在桩(桩帽)顶铺设具有一定厚度、强度、刚度，完整连续的土工合成材料加筋土垫层。土工合成材料加筋土垫层是由土工合成材料和砂石料等以不同的铺装形式构成。主要的类型有：土工格栅（Geogrid）加筋土垫层、土工格室（Geocell）垫层、高强度经编复合土工布加筋垫层、高强度土工布长管袋加筋垫层等。垫层的土工合成材料铺装可用分层铺装，两端部回包，内装密实填料，形成连续的加筋土垫层；或者用强度较高的经编或编织土工布长管袋内装密实填料的长管袋，分层逐条铺设而成。

10.2.2 桩长的确定受到两方面因素的影响，一是桩长应保证桩有足够的承载力来承担相应的路堤荷载，二是调整桩长使得路堤总沉降不超过允许值。为提高路堤整体稳定性，规定桩端进入持力层的深度：对黏性土、粉土不小于 2 倍桩径；砂性土不小于 1.5 倍桩径；碎石类土，不小于 1 倍桩径。

10.2.3 桩的平面布置中心距，除考虑桩径的影响外，还需考虑填土高度、水平加筋垫层刚度及软土深度等因素。为保证路堤中形成土拱效应，避免路基顶面形成波浪形起伏，最大桩距应满足路堤形成土拱效应的高度。

10.2.4 为避免发生较大的差异沉降，对桩承式加筋路堤，过渡段一般采用桩长或桩间距渐变的形式，过渡段长度一般为 10 ~ 30m，同时结合超载、轻质填料等进行过渡。桩长和桩间距渐变后也应满足路基的沉降及稳定性要求。

10.2.6 桩帽的厚度与桩帽的悬臂长度、上部荷载大小及桩帽的材料有关。

10.2.7 因路堤桩与桩间土的刚度差极大，在路堤中会形成土拱效应。要得到桩帽上部的荷载，首先需要研究桩帽上部的土拱效应。Terzaghi（1943）最早研究了平面土拱效应。其后，Hewlett 通过模型试验，分析了在正方形布桩的情况下，砂填料路堤中的空间土拱效应，得出了土拱顶部下拱面的压力 σ_i、桩间土上的应力 σ_s、桩顶所受压力 P 以及荷载分担比 E 的计算公式。英国标准 BS8006 根据 Hewlett 的土拱理论，提出“临界高度”的概念，如图 10-1 所示为稳定的半圆拱影响区图，这一概念要求具有足够高度的填土，才有条件发展形成完全土拱，土拱以上的任意荷载或超载不会对桩间产生影响，而荷载只传递作用到边缘支承点桩帽上。

浙江大学陈云敏、贾宁等（2004）从单桩有效处理范围内路堤受力平衡出发，改进了 Hewlett 的空间土拱极限分析方法，得出了土拱顶部下拱面的压力 σ_{it}、桩间土上的应力 σ_{su}、桩顶所受压力 P_u 等计算公式，把荷载转移的程度用桩体荷载分担比来表示，定义桩体荷载分担比 E 见式（10-1）。

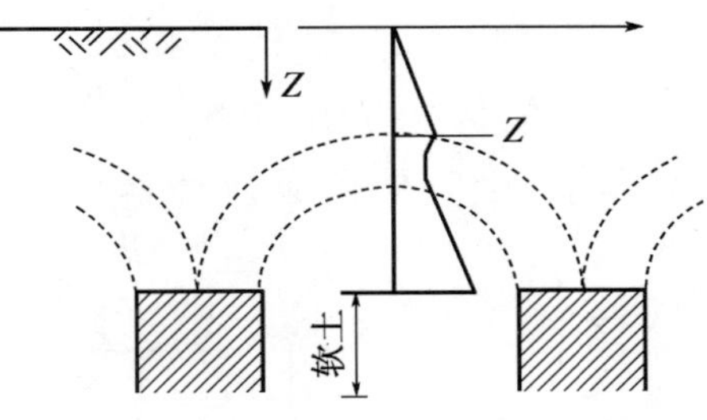

图 10-1　半圆拱影响区图

$$E = \frac{P_u}{\gamma H s^2} \qquad (10\text{-}1)$$

式中：P_u——桩帽承担的荷载，按式（10-2）计算；

γ——路堤填料的重度；

H——路堤高度；

s——桩间距。

$$P_u = 4\int_{\frac{(s-b)}{2}}^{\frac{s}{2}} \sigma_\theta 2\left(\frac{s}{2} - r\right)\mathrm{d}r = \frac{2\alpha K_p}{\alpha K_p + 1} s^2 \sigma_{su}\left[(1-\delta)^{(1-\alpha K_p)} - (1-\delta)(1+\delta\alpha K_p)\right] \tag{10-2}$$

式中：σ_θ——桩顶土体切向应力，$\sigma_\theta = \alpha K_p \sigma_r$；

K_p——朗肯被动土压力系数，$K_p = = \frac{1+\sin\varphi}{1-\sin\varphi}$，$\varphi$ 为路堤填料的内摩擦角；

α——待定系数，根据单桩有效处理范围内路堤平衡方程可求得，$1/K_p \leqslant \alpha \leqslant 1$；

σ_r——桩顶土体的径向应力；

δ——桩帽宽度 b 与桩间距 s 的比值，$\delta = b/s$；

σ_{su}——桩间土上的应力。

根据申嘉湖高速公路、台缙高速公路以及申苏浙皖高速公路在部分管桩路段实际测得的桩土应力比的情况来看，根据改进 Hewlett 的空间土拱极限分析方法计算所得到的桩土应力比和实际情况较接近。因此，本规范根据该公式计算桩体荷载分担比系数，并制成表格，以方便应用。

10.2.8 桩帽的平面尺寸和厚度确定后，须对其进行强度验算及配筋设计。桩帽的受力模式可简化为如图 10-2 所示，即为桩帽与桩刚性连接，在上部荷载作用下，地基对桩帽有一支撑反力的板结构。为了便于计算，将桩帽的板结构简化为悬臂梁结构，但采用悬臂梁结构计算的最大弯矩值小于采用板结构计算的最大弯矩值，因此须对采用悬臂梁结构计算的最大弯矩值进行修正。通过对不同尺寸的桩帽进行有限元数值分析，与采用悬臂梁结构计算结果对比，得出修正系数 ξ。桩帽的最不利受力条件是后期随着桩间土的固结和沉降，桩间土与桩帽可能完全脱离，特别是软土层较差、下卧持力层较好的情况，地基反力等于零。设计时，桩帽与桩连接部位的最大弯矩值 M_{max} 可按式(10-3)计算。

$$M_{max} = \frac{\xi p B(B - D_p)^2}{8} \tag{10-3}$$

式中：p——桩帽上的竖向应力；

ξ——修正系数。

通过对不同尺寸的桩帽进行有限元数值分析(如图 10-2 所示)，得出常规尺寸下修正系数 ξ 的数值为 2.75 ~ 3.8，当桩帽尺寸较大($B/D_p = 4$)时取低值，桩帽尺寸较小($B/D_p = 2$)时取高值，中间值可采用线性插值计算。

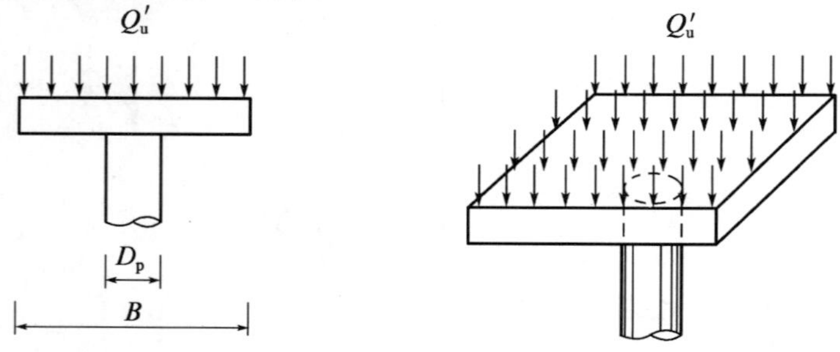

图 10-2　桩帽受力计算图式

10.2.10 目前国内规范采用延伸率为10%时的拉力作为加筋体设计抗拉强度的取值，根据对不同条件下分析模型计算和数值模拟分析表明：水平加筋体受力后最大拉伸延伸率在2%～5%之间，故本设计方法采用以延伸率为5%时的拉力作为设计强度取值。

10.2.11 对预应力管桩、沉管灌注桩等挤土桩，在施工过程中桩周土受到扰动，其桩侧阻力随之下降，但静置一段时间，其强度可能慢慢提高，恢复到打设桩前的强度或更高的强度；同时当桩端持力层为黏性土、粉土或强度较低的土层时，根据工程实测数据来看，路堤桩的刺入变形往往很大，如果预压一段时间可大大减小其刺入变形，因此本条规定预应力混凝土管桩、钢筋混凝土预制方桩、圆形或异形沉管灌注桩以及桩端持力层为黏性土、粉土或强度较低的土层时应保证不小于3个月预压期。

10.2.12 目前桩承式加筋路堤多采用复合地基公式计算，但根据申苏浙皖等工程中的实测沉降数值表明，桩与桩间土因刚度差极大，路堤表面桩间土的沉降大于桩顶沉降，桩顶发生上刺，同时桩端往往发生下刺变形，复合地基理论并不能准确反映桩承式加筋路堤的受力特性。因此，本规范参考《建筑桩基技术规范》(JGJ 94—2008)，采用考虑桩径影响的mindlin公式计算桩端平面以下的附加应力，同时采用Boussinesq解计算桩间土承担的荷载引起的附加应力，将两者叠加按分层总和法计算沉降。因路堤桩一般桩距较大，桩距一般为桩径的4～6倍，因此在应用式(10.2.12.1-1)及式(10.2.12.1-2)计算时，也可不考虑邻桩的影响，而按单桩进行计算。

需要说明的是，上部桩间土的沉降大于桩的沉降，桩体上部受到负摩阻力，土的自重和路堤荷载将通过负摩阻力传给桩，计算沉降时应考虑负摩阻力的影响，但因负摩阻力的分布情况很复杂，实测资料较少，并且其随着桩间土的固结而逐渐发展变化，因此，为简化计算，一般不考虑负摩阻力，但有条件时，为准确计算，应考虑负摩阻力的影响。

桩承式加筋路堤的变形主要由桩顶沉降控制，桩顶总沉降s由桩身压缩量s_1、桩端平面以下沉降量s_2和桩端刺入量Δs三部分组成。其中桩端刺入量Δs尚无成熟的计算方法，因此，式(10.2.12.1-2)引入了考虑桩端刺入变形的沉降计算经验系数ψ_2。根据在申苏浙皖、申嘉湖等工程中的实测数据表明，ψ_2大致在1.1～1.4之间，但当桩体未打穿软土层时，ψ_2可达到2.0～3.0甚至更多，因此，在严格控制沉降的构造物路段，桩体应尽量打穿软土层。

10.2.13 为充分发挥桩间土的承载性能，刚性桩作为路堤桩使用时，允许桩和桩间土发生一定沉降，现场实测极限承载力一般大于承载力设计值的1.1～1.3倍。对于过渡段，其承载力验算安全系数的取值应适当降低或不作要求，在满足整体稳定验算的前提下，以沉降计算控制为准。

11 塑料套管混凝土桩

塑料套管混凝土桩作为一种新桩型,又简称为TC桩、塑料套管桩、PTCC桩等,属于桩承式加筋路堤中的小直径刚性桩的范畴,目前已成功应用于浙江申嘉湖杭高速公路练杭段软基处理工程、杭金衢高速公路浦阳互通软基处理工程、江苏243省道软基处理工程、上海中环线浦东段新建工程软基处理工程、台州甬台温铁路连接线软基处理工程、湖南岳常高速软基试验段等多项工程之中,取得了较好的技术经济效益。试验和实测数据表明,采用该工艺地基处理后,沉降收敛快、沉降量小,工后沉降达到了设计预期要求,与水泥搅拌桩、振动沉管灌注桩等软基处理方法相比具有质量易控制、成桩深度易保证、施工速度快等优点,比较适合浙江省目前软基处理工程施工质量控制现状。

由于塑料套管混凝土桩是一种新工艺,对其材料要求、设计施工参数的选择、施工工艺要求等,与传统桩承式加筋路堤中刚性桩相比,设计人员经验相对较少,且本身具有一定的特殊性,因此在本次规范编制时,考虑到目前实际工程应用逐步增多,以及设计人员的实际工程要求,单独成章对其进行较为详细的介绍和说明,并建议在今后实际应用中进一步注意收集相关实测数据。

11.1.2 塑料套管混凝土桩要求桩端下卧持力层的静力触探锥尖阻力不小于1 000kPa。桩的极限端阻力特征值 q_{pk} 可参考《建筑桩基技术规范》(JGJ 94—2008)表5.3.5-2,根据桩端土层的性质及桩长确定。

塑料套管混凝土桩属于小直径刚性桩。为保证桩体的稳定性,应控制长细比不超过100;同时,在浙江省填土高度大于6.0m的软基路段使用经验还不足,设计时应谨慎采用。

11.1.3 从施工工艺上看,塑料套管混凝土桩属于现浇混凝土桩的范畴,但与常规的振动沉管现浇混凝土桩相比增加了一个塑料套管;在工法上,它是在加固区域内先全部将塑料套管打设完毕后,再集中浇筑塑料套管内的混凝土成桩,鉴于用材及工法上的独特性,它与常规的振动沉管现浇桩相比具有如下特点:

(1)由于套管的存在,可以避免常规振动沉管现浇混凝土桩的断桩等病害,其桩身完整性好,塑料套管的护壁作用,使得混凝土用量可控,成桩质量可靠。

(2)由于先打设塑料套管后集中浇筑混凝土,塑料套管打设和混凝土浇筑分开进行,两者之间不存在相互配合、协调、等待以及干扰问题,从而提高了施工速度,降低了施工费用。

(3)打设深度容易检查,只要在混凝土浇筑之前检查套管的打设深度即可,该桩型的最大优点在于施工质量的可控性。

(4)采用轻型设备后,在施工场地受限、周围有建筑物、拓宽等工程中比普通沉管灌注桩更具优势。

(5)塑料套管具有耐腐蚀性好的特点,由于塑料套管的护壁作用,对具有侵蚀性介质的地基,无须对混凝土或其他填充材料进行改变,与常用桩型相比更具有经济优势。

11.2.1.1 宜采用单壁、螺纹塑料套管,如图 11-1 所示。有关参数可参照《建筑排水用硬聚氯乙烯管件》(GB/T 5836.2)。

塑料套管的强度指标本条文不作统一规定,因为不同的打设深度对塑料套管的壁厚及环刚度要求不同,应根据地质条件及试桩情况进行相应调整。根据浙江练杭高速、杭金衢高速浦阳互通、南京243 省道等多个工程的应用情况看,对直径 160mm 的桩体,可参考以下强度指标选用塑料套管:

图 11-1 塑料套管及接头

160mm 单壁波纹管埋深在 10m 以内,采用壁厚不小于 1.0mm、环刚度(kN/m^2)不小于 6 级、每延米质量不小于 1.0kg 的塑料套管;埋深在 10 ~ 16m 区间采用壁厚不小于 1.5mm、环刚度(kN/m^2)不小于 10 级、每延米质量不小于 1.5kg 的塑料套管;埋深在 16 ~ 20m 区间采用壁厚不小于1.8mm、环刚度(kN/m^2)不小于 15 级、每延米质量不小于 1.8kg 的塑料套管。

11.2.1.2 混凝土浇注过程中应采用小型加长振捣棒进行振捣,保障混凝土浇注质量。

11.2.1.3 预制桩尖采用钢筋混凝土预制,混凝土宜采用 C30,混凝土强度等级不作强制性要求,以打设过程中不破碎,能保障塑料套管的顺利打设为主要控制标准,如图 11-2 所示。目前常用的桩尖尺寸为:16cm 桩径采用 30cm 的桩尖,20cm 桩径采用 35cm 的桩尖。

图 11-2 钢筋混凝土预制桩尖

11.2.2 塑料套管可采用 100 ~ 250mm 的桩体直径,目前国内一般采用 160mm、200mm、250mm 的桩体直径,其中 160mm 桩体直径应用最为广泛。在桩长较长、承载力要求较高时可在适宜的地质条件下采用 200mm、250mm 的桩体直径。

11.2.3 桩的平面布置一般采用等边三角形或正方形,对直径 160mm 桩体,桩距宜取 1.1 ~ 2.0m;特殊条件下可选用其他形状布置,如在构造物邻近路段,布桩方向平行于构造物轴线方向,而使桩的平面布置变为平行四边形布置。

11.2.4 对直径160mm桩体,桩帽尺寸宜取0.4~0.6m。

11.2.6 对于q_{sik}、q_{pk},如无当地经验,可按《建筑桩基技术规范》(JGJ 94—2008)中预制桩的有关建议参数取值,并适当修正,修正系数可取0.5~0.9,取值大小与承载力计算时间、土体的性质等有关,28天取低值,90天取高值。

11.2.7

(1)塑料套管混凝土桩(或简称TC桩)与桩间土的接触是螺纹状的塑料套管,与灌注桩、预制桩等不同。更重要的是成桩工艺上,TC桩施工采用的是外大直径钢沉管内套小直径塑料管以及扩大桩尖的方法成桩的。这就使得桩周土存在着一个先扰动扩孔,与塑料套管先不接触,待沉管拔出后依靠土体的自重固结逐步回挤、相邻桩打设挤土作用以及上部填土荷载作用下桩间土压缩再回挤后才能使塑料套管与桩间土紧密作用,这个过程桩侧摩阻力(包括负摩阻力)、桩身受力始终在复杂地变化。其他桩型虽然有类似的过程,但TC桩这种先大扩孔、桩周土先扰动后逐步回挤的施工工艺与振动沉管灌注桩是沉管下去后立即灌注混凝土然后振动拔出,利用混凝土的流动和充盈使得混凝土与桩间土立即紧密接触,以及预制桩是直接通过成桩挤土作用使桩间土与桩紧密结合不同,桩与桩间土的相互作用过程以及承载特性也就不相同,其时间效应更加明显。若桩侧摩阻力,直接采用其他桩型的经验参数计算,与TC桩28天静载试验结果差别较大。工程试验表明,TC桩打设、浇筑完毕后28天时的单桩承载力往往要低于其他桩型同期的承载力实测值(尺寸换算后)或规范推荐参数的计算值,主要是由于TC桩桩侧摩阻力的发挥不充分,发挥程度明显滞后。但后期的承载力上升较快,如90天的承载力就要比28天的承载力高出30%左右。如浙江台州某塑料套管桩软基处理工程(桩端持力层为弱风化岩,160mm桩径)28天极限承载力在168~189kN之间,而60天后其极限承载力则在220~280kN之间,浙江湖州某塑料套管桩软基处理工程(桩端持力层为黏土)28天的极限承载力一般在150~180kN,而90天后其承载力则在180~210kN以上,南京等地的工程试验也有类似的现象。工程现场桩侧孔压、土压、桩侧阻力的测试数据也说明了TC桩具有一定的特殊性及更具有明显的时效性。由于TC桩目前静载试验数据还不够多,尚不能根据众多实测数据给出经验参数表格,所以这里建议最好根据现场试验确定,并按90天的承载力设计比较合理。

另外,理论估算时桩端阻力可参照《建筑桩基技术规范》(JGJ 94—2008)按混凝土预制桩进行计算。对于桩侧阻力极限特征值的取值和修正,根据以往的工程数据,一般可取0.5~0.9对表中的数据进行修正,其取值大小与土体的性质、计算的时间等因素有关,时间越长取值越大。进行负摩擦力分析时也是如此。

(2)计算塑料套管混凝土桩正截面受压承载力时,一般取稳定系数$\varphi=1.0$。对于桩身穿越可液化土或不排水抗剪强度小于10kPa的软弱土层,应考虑压屈影响。其稳定系数φ可根据桩身压屈计算长度l_c和桩的设计直径d确定。桩身压屈计算长度l_c,参照《建筑桩基技术规范》(JGJ 94—2008)中表5.8.4-1取值,对于全入土塑料套管混凝土桩,$l_c=0$。桩身

稳定系数 φ 参照《建筑桩基技术规范》(JGJ 94—2008)中表5.8.4-2取值。同时也可采用引入郎肯主动和被动土压力系数,考虑摩阻力和上部构造物荷载对桩压屈的影响的弹性压屈临界荷载尖点突变模型计算;两种计算方法可相互校核。

另外,有试验表明,有塑料套管存在时,其抗压强度比普通的混凝土可提高20%~35%,具体试验值见表11-1。但由于目前试验数据不多,只建议有充分经验时考虑这个因素,否则,可只作为安全储备。

表11-1 塑料套管混凝土试样的抗压对比试验

类　别	抗压试验值		提高值(kN)	提高比例(%)
	无套管(kN)	有套管(kN)		
C15	299.01	376.79	77.78	26.01
C25	376.21	516.12	139.91	37.19
C30	414.72	511.29	96.57	23.29
砂	—	79.19		
碎石	—	53.66		

11.2.9 塑料套管混凝土桩沉降计算,参照桩承式加筋路堤章节中沉降计算方法的相应内容进行计算的同时,单桩沉降也可采用《建筑桩基技术规范》(JGJ 94—2008)中桩基沉降计算方法进行计算,初步设计时,也可采用刚性桩复合地基方法进行估算。

11.3.1 塑料套管混凝土桩施工机械可由普通的沉管灌注桩机械等改装而成,设置振动锤辅助振动,以减少施工过程中对桩周土的扰动,直径160mm的桩体沉管的最大外径要求不大于221mm。设备需要设置注水装置,设置导向架及垂直度定位装置。

目前国内应用的塑料套管打设机(见图11-3),用于打设直径160mm桩体施工机械参数可参照表11-2选用。

图11-3 塑料套管混凝土桩施工机械

表11-2 塑料套管混凝土桩施工机械参数建议值

项　目	单　位	技术参数
电动机功率	kW	30
偏心力矩	N·m	320
激振力	kN	200
锤重	kg	2 700
允许拔桩力	kN	80
工作电流	A	60
电压	V	380
160mm 桩体沉管外径	mm	219~221
160mm 桩体沉管内径	mm	170~182
机械重量	kN	200

11.3.2 塑料套管混凝土桩的施工工艺流程如下(见图11-4):

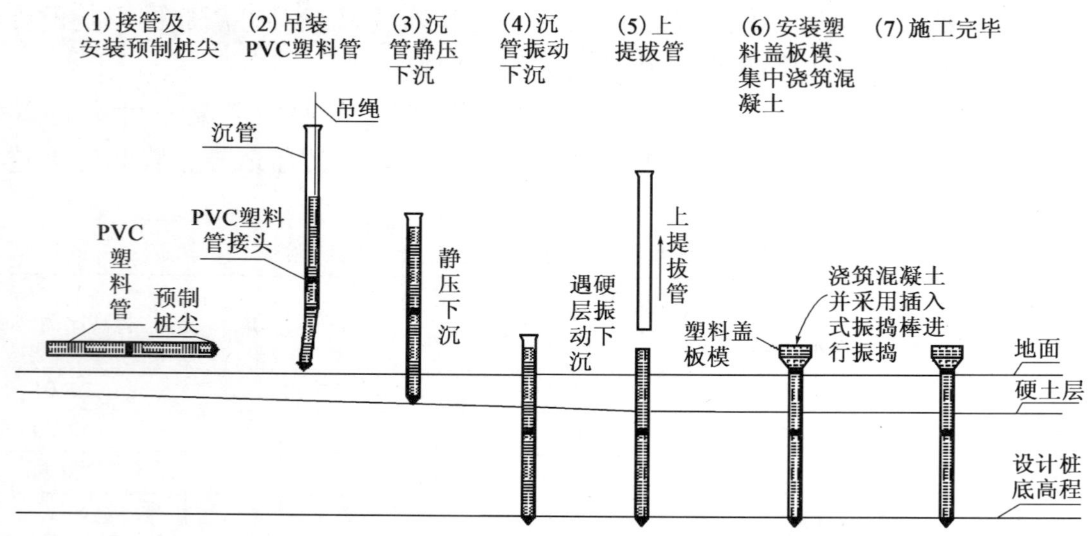

图11-4 塑料套管混凝土桩施工工艺流程示意图

(1)塑料套管混凝土桩打设前,先平整场地,铺设一层厚度为桩帽高度的垫层,准备塑料套管,放线布置桩位。

(2)制作桩尖,桩尖采用钢筋混凝土制作,并设置有固定塑料套管的装置。

(3)桩机就位,合理布置施打顺序。

(4)根据桩长的要求,将塑料套管切割或连接成合适长度,与桩尖连接后从沉管底部送入,桩尖与桩位对准,再打设至加固深度,并注水对塑料套管进行保护。

(5)将沉管拔出,移机至下一个桩位。

(6)重复(4)~(5)工序。待场地内塑料套管打设完成后,对塑料套管深度和破损情况进行检查。

(7)将塑料套管内的水抽干,将多余的塑料套管进行截管和整理后,对塑料套管进行深度检查,并随时保护塑料套管内的清洁,尽量不让杂物进入。

(8)桩帽浇筑前,先挖除相应面积的垫层,在塑料套管顶部放置一定长度的钢筋笼,然后放置桩帽底层、顶层配筋,并与连接钢筋绑扎连接。

(9)在场地内集中浇筑混凝土,完成桩和盖板的施工,混凝土浇注过程中采用小型加长振捣棒振捣。

(10)待混凝土强度达到一定要求后,可对成桩进行检测。

(11)桩、盖板浇筑完毕达到一定强度后,铺设土工格栅,再根据垫层设计厚度铺设剩余垫层。

目前桩顶钢筋笼一般采用以下形式:钢筋长度3.5m(不包括超出桩顶部分的长度),钢筋笼采用4根$\phi6.5$钢筋,5道圆形箍筋,箍筋由$\phi6.5$、长度0.4m的钢筋制作。

若桩顶土工合成材料采用整体式钢丝土工格栅,可设置在盖板顶部或垫层中间。为提高TC桩的整体处理效果,减少路堤底面的应力集中和不均匀沉降,可将钢筋笼主筋2根超出桩顶30cm与整体式钢丝土工格栅绑扎或焊接连接,2根顶超出桩顶22cm,与桩帽顶层配筋连接。

塑料套管混凝土桩施工时应注意桩的打设深度由设计桩长和贯入度控制,贯入度根据桩端土层的性质进行相应调整。若地质条件与地质勘察报告存在较大差异,以实际由贯入度控制的打设深度为准,确保桩端嵌入设计选择的硬土层。若设计选择的持力层为岩层,桩打设至岩层后,若强行振动打设,易出现预制桩尖被压碎的现象。

11.4 质量检验的主要说明

(1)采用现场静载荷试验确定单桩竖向极限承载力时,在同一地质条件下的试桩数量不宜小于总桩数的0.2%,且不应小于3根,每个工点不小于1根,试验及单桩竖向极限承载力取值按《建筑桩基技术规范》(JGJ 94—2008)的有关规定确定。若沉降曲线为缓变型的,长细比大于60,可取 $s=60\sim80\text{mm}$ 对应的荷载作为桩的极限承载力。

(2)由于在浇筑混凝土之前塑料套管内为全空,可对打设的深度进行检查,即对塑料套管的深度进行检测。

(3)塑料套管混凝土桩桩端持力层一般选择在承载性能较好的硬土层或岩层上。单桩极限承载力检测标准与地质条件有关,以往工程经验参考数值如下:若以粉质黏土、黏土等相对硬土为桩端土的,28天单桩极限承载力可以按140~160kN控制,90天单桩极限承载力按180~210kN控制;若桩端是砾、密实砂、岩硬土层的,28天单桩极限承载力可以按160~180kN控制,90天单桩极限承载力按200~250kN控制。为方便工程检测以及工期要求,可以按28天的承载力为标准进行检测。

12 轻质路堤

12.1 一般规定

本规定是1992年以来浙江省内应用轻质路堤试验研究成果和推广应用的经验总结。

12.1.1 适用范围包括以下内容:

(1)软土地基桥头或箱涵连接部位采用轻质路堤,以降低基底压力,减少总沉降和工后沉降,减小桥头结构的侧向压力,提高路基和桥台的稳定性。

(2)应用于处理路堤滑动后的修复,可快速修复路堤并提高其稳定性和工后沉降量。

(3)软土指标较差的拓宽高路堤采用轻质路堤,以降低拓宽路堤部位的基底压力,提高地基的稳定性,减少总沉降和工后沉降,降低新路堤对老路堤的影响。

12.1.2.1 轻质路堤还可采用空腔混凝土等形式。

12.1.2.2 在公路工程中,主要利用EPS块体材料的超轻质性、易施工性、自立性、抗压缩性、耐水性、耐久性等特点,但EPS块体材料价格昂贵,一般适用于其他地基处理方法难以解决的工程问题。

EPS颗粒混合土比EPS块体材料价格便宜较多,施工工艺简单,易压实。混合料的重量可根据工程需要调制,重度为7~13kN/m^3。目前,浙江省内已有应用,但实例较少,推广中需积累经验。

粉煤灰轻质路堤一般在料源丰富、运输便利的情况下采用,但应注意施工过程中扬尘等环保问题。

一般选用原则如下:

(1)泡沫混凝土轻质路堤和EPS颗粒混合土轻质路堤适用于软土地基桥梁或箱涵与路基连接部位路堤、软土指标差的拓宽高路堤。

(2)EPS块体轻质路堤适用于快速修复、工后沉降要求高、软土指标差的修复路堤、桥梁或箱涵连接部位路堤和拓宽高路堤。

(3)粉煤灰轻质路堤因环保等问题,应用范围仅限于局部的软土地基桥头和拓宽高路堤或其他特殊路段。

12.2 泡沫混凝土轻质路堤

设计泡沫混凝土轻质路堤时,应考虑下列荷载:自重、土压及水压、上部荷载、侧向压力

(给予相邻结构的)、浮力、地震力、其他(如冲击力、制动力等)。随使用目的、施工条件、环境的不同,各种荷载的取值和荷载组合不同,安全系数也不相同。

(1)自重:泡沫混凝土的自重,可根据设计的重度求得,但置于地下水位以下时,要考虑水的影响。

(2)土压和水压:当泡沫混凝土背面地基(或填筑体)不是稳定体时,需要考虑土压的影响;在水位可能上升的情况下,还需考虑水压的影响,并计算静水压的分布。

(3)上部荷载:泡沫混凝土筑体的上部荷载是指其上面的路基、路面、道路设施等恒载和交通荷载。交通荷载可按均布荷载考虑。

(4)侧压:在挡土墙、桥台及框架结构等背面使用泡沫混凝土填筑时,应考虑施工过程中的侧压作用。

(5)浮力:泡沫混凝土筑体应用于地下水位以下时,应考虑浮力的影响,浮力的大小由筑体在水下部分的体积决定。

(6)地震力:地震时,泡沫混凝土填筑体会受到地震惯性力和地震时土压力等的作用。

(7)其他:必要时应考虑雪荷载、风荷载、冲击荷载等的作用。

12.3 EPS块体轻质路堤

聚苯乙烯泡沫塑料(Expanded polystyrene),简称为EPS。它具有超轻质量、弹性、压缩强度高、低热传导性等特性;一般情况下,其化学稳定性好,不溶于水、不易老化、耐腐蚀、耐微生物、不受气候变化的影响,是一种良好的超轻质填筑材料。

(1)超轻质性:该密度相当于土的密度的1/100~1/60。

(2)抗压缩性:EPS的压缩强度较高,而且随密度而变化,在弹性范围内可达30~140kN/m^2,可作为路堤的填筑材料。

(3)自立性:EPS可以重叠堆置,形成一个自立面,其侧向压力极小,可以大大减小对桥台或挡墙的侧向压力。

(4)耐水性:EPS是合成树脂发泡体,内含独立气泡。不会吸水也不会浸入水,据研究报告,置于地下水位以下9年,EPS最大吸水率不超过9%。

(5)耐热性及阻燃性:非阻燃性EPS受热后会变形熔化和燃烧,70℃以下时,受热变形很小;温度达150℃时产生熔化,并出现燃烧。为了避免施工现场EPS受热后燃烧,设计时一般选用阻燃性EPS。

(6)耐久性:EPS材料物理特性和力学指标在老化过程中变化不大,耐老化性能优良,其老化寿命大于60年。

12.3.2 设计计算

(1)由于EPS材料价格昂贵,EPS路堤造价约为桥梁的0.7~0.9倍,因此在方案比选时应进行经济、技术等方面的充分的分析与比较。

(2)在大多数EPS路堤设计时,选用100kN/m^2作为EPS的抗压强度,大致对应于20kg/m^2的密度,抗压强度与密度一般成线性关系。

(3)EPS 轻质路堤的横断面和纵断面设计,可参考杭甬高速公路望童跨线桥和沪杭高速公路余杭段东河港桥桥头 EPS 轻质路堤的设计。

(7)抗浮验算:浮力计算中,EPS 密度应采用 20kg/m^3,而在稳定和沉降计算中,浸水后的 EPS 密度宜采用 100kg/m^3。

(8)路面结构计算中,EPS 块加 10 ~ 15cm 厚钢筋混凝土板的路床回弹模量 E_0 可取 35 ~ 50MPa。

12.3.3 EPS 块体轻质路堤构造设计

参考杭甬高速公路望童跨线桥、沪杭高速公路余杭段东河港桥桥头 EPS 轻质路堤的设计。

(1)为不使 EPS 块顶层上浇筑的钢筋混凝土板被压碎,以致受沥青作用而溶蚀,可以适当加厚 EPS 块顶面的钢筋混凝土板,或者在钢筋混凝土板上再铺筑一层碎石垫层,以避免施工机械直接行驶在钢筋混凝土层上。

(4)垫层一般由水泥稳定土和砂砾层组成,厚度一般取 200 ~ 300mm。作施工基面时,其平整度不超过 10mm。

EPS 轻质路堤首次在杭甬高速公路中应用于桩号为 K133 + 784 的分离式立交望童跨线桥的桥头段处理。望童跨线桥桥头填土 4.91m,地基软弱,地表下有 27m 厚的淤泥质粉质黏土层和 10 ~ 12m 厚的软塑 ~ 流塑状的粉质黏土层,路堤填筑 2.6 ~ 3.0m 高时,路基发生明显的滑移迹象,桥台桩产生严重的环向裂缝。此时,工期又受到严重制约,通过研究采用 EPS 块填筑桥头路堤。从施工到通车,仅用时 3 个月。通车以后,至今路面平整,使用良好。如图 12-1 所示。其后在沪杭高速、甬台温高速公路、杭州绕城公路北段、杭宁高速公路、上(虞)至三(门)高速公路、杭金衢高速公路、甬台温高速公路等高速公路中相继使用。

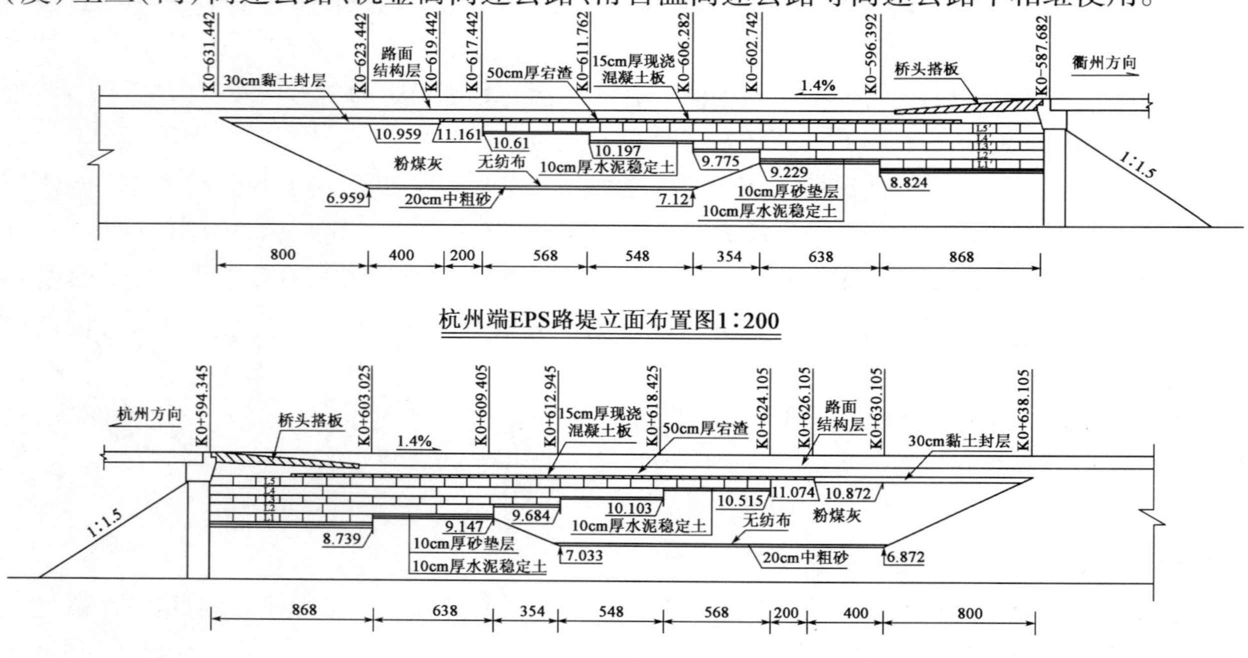

图 12-1 EPS 典型应用实例设计图

从1996年在杭甬高速公路跨线桥首次应用以来，已有8个工程应用EPS轻质材料填筑路堤，合计应用EPS块体31 800余立方米，应用效果良好。

12.4 EPS颗粒混合土轻质路堤

12.4.1 设计

12.4.1.1、12.4.1.2 材料要求及特性

EPS颗粒混合土是一种近来研究较多的轻型材料，其采用工程废弃土和泡沫塑料作为原材料，采用水泥等作为固化剂，因其可充分利用建筑废料及工业废料，使其具有一定的经济效益和社会效益，有利于环境保护。

12.4.1.3 混合料的设计

国内外众多学者及研究机构对各种原料土形成的EPS颗粒混合土进行过研究，如日本北海道开发局土木工程研究所、茨城大学工学部以平均粒径为0.75mm的细砂、平均粒径为2mm的EPS球粒、6%的水泥添加量，共14组试样进行了EPS颗粒混合土的试验；日本的土田孝等(1996年)采用东京湾的疏浚淤泥作为原料土制备EPS颗粒混合土；Kunio Minegishi (2002年)以高含水率黏土为原料土制备了EPS颗粒混合土试样，EPS颗粒密度为0.033g/cm^3，水泥添加量为7%；马时东(2001年)以中砂为原料土、顾欢达(2005年)以河砂为原料土进行试验；姬凤玲(2005年)以含水率高达120%的淤泥为原料土，EPS球粒的粒径为2~3mm，以32.5级普通硅酸盐水泥作为固化剂，水泥添加量分别为50kg/m^3、75kg/m^3、100kg/m^3、125kg/m^3、150kg/m^3，EPS颗粒的体积比为0.23~1.61，制备的EPS颗粒混合土密度为0.5~1.4g/cm^3，28天无侧限抗压强度为50~700kPa；浙江省交通规划设计研究院(2004年)分别以细粒土、粉煤灰和石屑为原料土，水泥为固化剂，当EPS和细粒土的体积比分别为45:55~55:45，水泥添加量为8%~12%时，制备的EPS颗粒混合土的密度为0.9~1.29，28天无侧限抗压强度为374~629kPa，当EPS与粉煤灰和石屑的体积比分别为20:80、30:70和40:60，水泥添加量为4%时，制备的EPS颗粒混合土的密度为0.9~1.14，28天无侧限抗压强度为173~375kPa，研究结果表明，EPS颗粒混合土的工程性质随原料土类型、原料土的物理特性指标、EPS颗粒下形状以及水泥剂量的不同而有较大变化。在一定范围内，EPS颗粒混合土的CBR值随水泥剂量(一般在4%~12%)的增加而提高，但渗透系数显著降低；随着EPS颗粒含量的增加，其密度明显减小，但无侧限抗压强度值也随之降低，试样的流动性逐渐变差，试样的制备也变得困难。

目前采用EPS颗粒混合土作为轻质路堤填料的工程应用还较少，根据浙江省交通规划设计研究院在甬余线洋溪河东桥头试验段采用EPS颗粒混合土路堤处理桥头软基并现场监测的情况来看，采用不同原料土形成的EPS颗粒混合土路堤均可减轻上部填土重量，提高地基的稳定性和减少沉降，但不同原料土制备的EPS颗粒混合土形成满足路堤填筑要求的配合比仍有较大差别，因此，本条规定EPS颗粒混合土配合比应通过室内配比试验确定，当缺乏工程经验时，可采用EPS掺入比(EPS颗粒与原料土的体积比)在0.5~1.5，水泥掺量在4%~10%范围进行试验，直至制作出满足要求的试样。

12.4.2、12.4.3 施工流程与施工要求

浙江省交通规划设计研究院在甬余线洋溪河东桥头试验段采用 EPS 颗粒混合土路堤处理桥头软基,2004 年 3 月根据试验路段施工情况制定了《人造轻质土路堤施工技术暂行规定》,本条规定即根据《人造轻质土路堤施工技术暂行规定》制定而成。

12.5 粉煤灰轻质路堤

据室内黏质土毛细水上升高度试验结果,一般在 40 ~ 60cm 范围,故规定粉煤灰路堤底部距地下水位或地表长期积水水位 50cm 以上,否则应设置隔离层。隔离层起隔断毛细水的作用,应根据当地的地质、水文条件,地表积水情况,决定是否需要设置隔离层。

为防止排水盲沟的淤塞,宜采用 200 ~ 400g/m^2 的无纺土工织物作滤层,也可采用排水板作为横向排水通道。

13 动态监测与分析

13.1.1 由于土是三相体系，其受力后的力学特性是相当复杂的，各地区的软土成分又不尽相同，目前土的参数测试技术和理论计算水平还在发展成熟之中。软土地基处理的事前设计，一般是以室内试验结果得到的各土质参数为依据，事前设计假定的施工过程、填筑材料等均与实际施工时有一定的出入，以及地质钻孔布置不可能很密集，因此事前设计的理论计算产生一定的误差是公认的。施工时对软土地基变形和稳定进行监测及动态管理施工是十分必要的，是公路软土地基处理问题中的一个重要组成部分。

动态监测与分析的主要目的是验证处理效果，根据实际工程的进度和地基变形实测数据及时调整设计参数，有效控制填筑速率，确定实际超载高度、二次开挖和修建路面时间，分析计算各阶段合理预抛高和预留宽度，确定沉降土方等重要参数。

13.1.3 由于现场路基每层填筑时间比较短，实际工程中经常发生填筑时间和高度不能准确记录、观测单位不能及时跟踪观测的问题，因此，这里要求施工单位填筑每层土之前、之后应及时与观测单位联系并作认真记录，包括填筑时间和厚度。一般路段，主要是对沉降板、位移桩（或测斜管）的观测和分析，特殊路段还应设置若干典型断面埋设测斜管、孔隙水压力计等详细监测仪器进行观测。

这里的典型断面是指对需要重点监控或对沉降变形分析具有指导意义或代表性的断面，埋设内容根据分析的需要确定，如：侧斜管、孔隙水压力计、土压力盒、分层沉降等。同一路段不同观测项目的测点布置在同一横断面上。

13.1.4 动态监测工作应建立在准确实测沉降数据和加载数据以及合理沉降变形分析的基础上。因此，为了获得客观真实的沉降变形观测数据，动态监测工作不宜由施工单位承担。

13.3.1 一般沉降观测采用埋设沉降板方法进行，沉降板由钢底板、金属测杆和保护套管组成。底板尺寸不小于400mm×400mm×10mm的A3钢板，沉降管外套ϕ70mm保护钢管，测杆直径以4cm为宜，保护套管尺寸以能套住测杆并使标尺能进入套管为宜。随着填土的增高，测杆和套管相应接高，每节长度不宜超过50cm。接高后的测杆顶面应略高于套管上口，套管上口应加盖封住管口，避免填料落入管内而影响测杆下沉自由度。盖顶高出碾压面高度不宜大于50cm。

由于在实际施工时，经常出现测点被损坏影响观测数据准确性问题，尤其以沉降板破坏最为常见。因此，沉降板和沉降杆、基点桩、测斜管等各种观测测点的保护由施工单位负责，在观测期间必须采取有效措施加以保护或由专人看管。在施工期间应避免施工车辆、压路机等碰撞和人为损坏,除采取有力的保护外,还应在标杆上竖有醒目的警示标志。测量标志一旦遭受碰损,应立即报告观测单位后复位。

13.4 侧向位移观测

侧向位移观测有位移边桩观测和测斜管观测两种方法。

13.4.1 路基穿越池塘且填平土层厚度超过1.5m时,位移边桩难以准确及时反映出软土变形情况。为解决此问题,可根据现场实际情况,将长度大于2m、尖端大于10cm的木桩,用重锤打入软土中以作位移边桩。经验表明,2m长木质位移边桩的灵敏度高于1.5m长混凝土桩,位移边桩越长,其反映土体变形情况越灵敏。

13.7 在实际施工时,由于各种因素影响和工期的限制,许多路段的预压期达不到原设计的预压时间,因此需要合理安排填筑顺序,对预压期长、填土高的路段尽早安排填筑,可以通过稳定分析计算并结合现场实测数据安排填筑速率。

对于超载预压路段,由于各路段超载高度、预压时间等情况不同,将会影响超载预压的效果,为了反映超载预压的不同效果,本条文引入有效应力面积比概念。有效应力面积比的定义为:永久使用荷载下地基土层的总应力面积与卸载前超载时的地基土层有效应力面积之比。

13.8.1 设计参数的动态调整和预抛高计算均需要先进行沉降预测。沉降预测和分析是动态控制与监测工作的一项重要内容,沉降预测计算的原理为:根据沉降观测数据、固结规律和实际加载情况进行反分析,再用反分析获得的土工参数或修正系数结合后期的加载、卸载情况推算以后的沉降曲线。

利用实测沉降数据进行沉降预测,目前常用的方法有:双曲线法、抛物线法、星野法、Asaoka法、沉降速率法、固结拟合法等。其不同方法采用了不同的拟合方程对沉降收敛进行模拟,尽管双曲线法、抛物线法、星野法、Asaoka法计算时较为简便,但其与土的固结理论无关,而且需要较长时间预压恒载下的沉降值,沉降点的选取对计算结果影响较大,而本规范推荐的方法是固结拟合法的一种,应用土体的固结理论进行反分析,与事前设计时的计算理论相统一,概念明确,因此推荐使用。

从理论上讲,采用本条文的方法不需要较长时间预压恒载下的沉降值,只需有加载期以及中间恒载期的数据即可推算,而且可以考虑各种加载复杂路径,比较实用。但计算时应注意以下内容:①应剔除一些沉降明显不符合规律的点。②最近的沉降值和沉降速率对今后的沉降影响比较大,因此应对最近的沉降观测值加大计算权重。③所计算的曲线与实测曲线应拟合程度好才能推算,其相关性应大于0.9。④除了沉降过程线外,加载的信息即加载过程线也应准确,另外,最近的沉降值准确性对预测的准确性影响更大。由于在加载期获得的沉降值和加载信息一般不如预压恒载期来得准确,而且这时加载时间与沉降值之间的对应关系经常不是很好,所以经常导致在加载期或刚开始预压时进行推算其精度不如有较长时间预压恒载后进行计算精度高。⑤计算断面存在超固结土或者超载、卸载、再加载等情况时,选用的计算理论和公式应能反映这些复杂的加载路径情况,才能作相应的推算。

恒载作用情况下沉降速率法与固结拟合法是一致的,因此在恒载情况下进行预测时,可以采用沉降速率法估算。

13.8.2 路面预抛高沉平时间是指施工时采用预抛高方式后控制沉降回落到原设计高程的时间,沉平时间直接影响路面预抛高值的大小。根据以下两个原因,沉平控制时间 t_C 采用竣工通车后 9 ~ 18 个月较合适:①根据地基的固结特点和沉降规律,当某一荷载作用后,地基的沉降主要发生在加荷期和加荷后 9 ~ 18 个月之内,特别是采用塑料排水板或砂井处理地基;②若控制时间大于竣工通车后 18 个月,可能会因预抛高值过大和预抛高存在的时间过长而影响行车的舒适度。

在实际工程中,填筑期末时对应的地基平均固结度往往较小,而根据较小固结度时观测数据预测沉降,其所得结果往往会偏小,据以往工程的沉降分析,一般应提高 10% ~30% 的系数。